だから路面電車は生き返った

中田裕一

南々社

だから路面電車は生き返った

中田裕一

だから路面電車は生き返った

もくじ

第2章 日誌 被爆前 41

第3章 日誌 被爆後 69

本書における日誌の扱いについて

・本書では、1945（昭和20）年に松浦明孝氏が綴った2冊の業務日誌と1冊の個人的な日記を日付ごとに整理し、本書の内容と関連する記述を抜粋して紹介しています。

・曜日、天気は、3冊の記録をもとに記載しています。

・読みやすさに配慮して、カタカナ表記は平仮名に変更し、送り仮名や常用外漢字は、一般的に使用される表記に変更しています。また、数字は洋数字で統一しています。

（例）午后→午後　諒解→了解　愈々→いよいよ　など

・文の区切りや改行などで句読点を入れています。

・巻末資料として日誌の一部原本の紙面を掲載しています。ぜひご覧いただき、当時の時代状況をリアルに感じてください。

・本書に登場する松浦明孝氏の日誌は、すべて松浦由浩氏所有のものです。

第1章

松浦日誌に出会うまで

●76回目の夏にはじまった

2021年8月6日午前8時15分、広島電鉄の電車の運転士だった私は、76回目の運命の瞬間を原爆ドーム前電停手前で迎えました（写真1）。

担当していた電車は、1961年から1964年にかけて造られた2500形を、1985年に3両連接車に改造した3100形です。改造時にクーラーも装備したので、暑い広島の夏でも車内は涼しいのですが、改造車だからか屋根上のクーラーの唸りは電車全体に響き、轟音では

写真1　原爆ドーム前付近の3100形電車（撮影／来得研治）

ないもののとにかくうるさい電車でした。

この日の点呼では、「原爆投下時刻の8時15分に市内線を運行していた場合は黙祷へのご協力を案内するように」と、毎年おなじみの通達がありました。広電では毎年、原爆投下時刻に合わせて黙祷を捧げます。電停や信号待ちなどで停車している場合[*1]に行い、案内放送とともに乗務員も黙祷します。運行に支障のない範囲での黙祷なので、1分にこだわる必要はありません。

広電には、原爆投下のまさに

写真2　江波車庫内の156号（撮影／来得研治）

＊1　停車している場合　停車していなければ黙祷は行いません。しかし、市内線（特に市内中心部）には1分間走り続ける区間はないため、多少早かったり少し時間を超えたりしますが、必然的に8時15分のどこかで黙祷へのご協力をお願いすることができます

その瞬間にも運行していた電車が4両残っています。そのうち156号（江波付近で被爆し中破。写真2）は営業運転から引退して久しいし、650形の653号（江波付近で被爆し大破）は被爆当時の色に復元されているものの、被爆電車特別運行プロジェクト以外で走ることはほとんどありません。

この日は、被爆電車としていまも現役で走る651号（中電前付近で被爆し半焼。写真3、4）と652号（宇品付近で被爆し小破）を8時15分に合わせて原爆ドーム前で出会わせる予定でした。しかし、ダイヤの乱れから15分ほど遅れが出ており、2両はまだ遠く離れたところを運行していました。そして、たまたま私の運転する電車がそこにいることになったのです。

「お客様にご案内いたします」

8時14分45秒になったころ、車掌は黙祷への協力を求める案内放送をはじめ、私はクーラーを止めました。唸りをあげていたクーラーが止まると車内は無音になり、混んでいた車内では誰も声を発することなく、深い沈黙に包まれました。

写真３　被爆時の 651 号（1945 年 8 月 9 日撮影／岸田貢宜、提供／岸田哲平）

写真４　現在の 651 号（撮影／来得研治）

たぶん30秒ほどだったと思います。あのときここにいた電車は……とか、いま炸裂したら吹き飛ばされるのかな、それとも溶けてしまうのかな。真夏にやけどは辛いだろうな、などと考えていました。

広電で働いていると、被爆電車や千田町の車庫にある慰霊碑（写真5）、そして原爆で犠牲になった乗務員や多数の乗客の話、被爆からわずか3日後の電車の復旧など、原爆に関係するさまざまなことに接する機会も多いし、私の周りでも、母方の曽祖父母は

写真5　千田車庫出入口のそば。向かって左、木立に囲まれた場所で慰霊碑は静かに平和を祈っています

原爆で亡くなっています。

曽祖父は大田清といい、神石郡の郡長だったときには帝釈峡の調査にも加わり、被爆時は袋町の頼山陽史跡資料館の館長を務めていました。戦局が厳しくなり、広島も危ないということで資料館の重要資料などを疎開させたものの、８月６日、自分は爆心地から約４００メートルとなる資料館に泊まり込みで残っていました。そして、着替えなどを届けに前日から来ていた曽祖母ともども被爆して亡くなりました。

10年ほど前に墓所の整理を行った際、お墓からでてきた骨は骨壺ではなく小さな布に包まれていました。誰の骨かわからないが、現地で拾ったものと聞かされています。

「ご協力ありがとうございました。運行を再開いたします。まもなく原爆ドーム前に到着いたします」

さまざまな想いの重なる30秒を経て、交通信号が青に変わる少し前。再びクーラーを入れると、轟音とともに冷気が吹き出し、車掌が案内しました。

原爆ドーム前で迎えた76年目の8時15分と、30秒間の静寂はよほど印象に残ったのか、その日の仕事を終えると、何気なくTwitter（現X）でもかし聞いた内容を投稿しました。

ずっと以前、当会の先輩から伺った話。広島に新型爆弾が落ちて大変なことになっていると聞いた高知の路面電車関係者は、復旧に必要だからと貴重な電線を体に巻くようにして、重たいのに山を越えて海を渡り届けてくれた。だから「高知には足を向けて寝れないよ」と。

詳しく聞いておけばよかった。

2021年8月6日の17時59分

被爆しても、焼野原に生き返った路面電車。復旧の新事実に出会い、本書を書くことになるなんて思いもしませんでした。そのすべてがここから始まりました。

●被爆後の復旧と高知のかかわり

投稿にある「当会」とは、私が当時所属していた路面電車サークルのことで、高知の話は10年以上前の忘年会で聞いた話だったと思います。

この投稿から2時間経ったころからか、通知音が鳴り続き、いいねやリツイートがみるみる増えていきました。

多くの方々に高知からの救援が伝わるのはうれしいのですが、あまりの反響に、もし違っていたらどうしようと不安はどんどん大きくなります。

かなり前に聞いた話だし、忘年会ということはお酒も入っていたので誰の情報かもはっきりと覚えていない。おそらく同じサークルの鉄道史家でもある長船友則さんから聞いたのだと思うけれど、長船さんには再確認できる状態ではない……。そんないい加減な記憶から投稿するのは、本当に無責任なことだったと反省しています。

ほかに頼れる人は、広電のことに詳しい広島文教大学の菅井直也先生しか思いつかなかったので、先生に尋ねると、

「中田君、それ俺だよ」

菅井先生はあっさりと言い、私の中で膨らんでいた不安もあっという間に消えました。

「先生　高知からの救援の話はどこでお知りになったのですか」

「テレビでやっていたよ。録画しているから観る？」

その番組は、NHKが1991年8月1日に放送した証言ドキュメント「廃墟に電車が走った 復興までの13日間」で、被爆からの2週間ほどについて、当時広電の電気課長だった松浦明孝さんの業務日誌をもとに構成されていました。

番組のナレーションでは、

「このころ広島電鉄からの要請により高知市の土佐電鉄[*2]から応援の手が差し伸べられました。架線や資材を持って駆けつけてくれたのです」

と語られ、画面は高知に切り替わり、はりまや橋でしょうか、路面電車をバックにインタビューに答える映像が続いています。

折り目の付いた真っ白いカッターシャツを着て、力強くインタビューに答える80代の男性は、土佐電気鉄道OBの小松盛永さんです。土佐電気鉄道の社内報によると、乗務員ではなく電気関係で働いていた方でした。

＊2　土佐電鉄
1945年当時は土佐交通

〈小松さんのインタビュー〉
ほんで上司がね、んでしも広島を助けてやれ、行ってこい、見てこいとこういうなん。
ほいで見に行ったがですよ。
（インタビュアー）そのとき小松さんはどう思いました。広島に行ってみて。
いや、かわいそうだと。
こりゃ、うちの方はね、B29が80機来ちょりました。来ちょりましたわ。
ほんでま、爆弾を落としてやられたけんど、向こうは原子爆弾じゃきね。
なんちゃーないきに。
はよーに復興するよーに、おんなし会社やき。電鉄、電鉄やき。
ただその会社がちごーてもおんなし路面をはしりゆうがやき。
ほうゆうて行きました。

土佐弁ですが十分伝わります。

私は50歳を過ぎた頃から、涙腺が緩くなったなぁと感じることが増えたのですが、このインタビュー映像を観たとき、

おんなし会社やき。電鉄、電鉄やき。
会社がちごーてもおんなし路面をはしりゆうがやき。

この言葉に涙が出ました。同じ路面電車じゃないかと。
何度見ても、ここは涙が出ます。そして、私も電車マンなんだと感じるのです。
とにかく高知からの救援は確認できました。
同時に、インタビュー以外にも高知からの救援を示すものはあるのか？
NHKの担当者は、何を手掛かりに高知の小松さんにたどり着いたのか？
と、新たな疑問が生まれました。
書籍や文書などの文字資料があったのでしょうか。

●なぜ、高知からの救援を知ったのか

なぜ、ＮＨＫの担当者は高知からの救援を知ったのか？

その答えは、番組でも使われていた松浦電気課長の業務日誌にあると考え、さっそく広電本社に、保管されている資料の閲覧を希望しました。

そのころ、宮島線の開業１００周年を翌年に控えており、広報担当者に「市内電車の開業１００周年は派手にやったのだから宮島線の１００周年も何か企画をしてください」とお願いしたり、宮島線の歴史を調べるために社内報のバックナンバーを閲覧しに行ったりしていたことから、物好きな乗務員として認知されていたようで、複写保管されていた松浦日誌の閲覧が許されました。

広島文教大学の菅井先生も誘い、本書にも写真を提供してくれた同僚の来得研治運転士と３人で、本社の会議室で資料との対面を緊張しながら待ちました。

初期の社内報は紙質が悪く、丁寧に取り扱わないとすぐに傷む状態でしたが、「今回は複写されたものだからその心配はないと思いますよ」と、

そわそわしながら2人に話した記憶があります。

対面した松浦電気課長の業務日誌は、小さな文字がぎっしりと書き込まれており、言い回しや送り仮名などが昔の書式で、読むのに時間がかかりそうでした。

そこで、資料を3人で手分けして「とにかく土佐か高知の文字は絶対に見落とさないように」と話しながら、興奮を抑えつつ文字を追いました。

「尾道鉄道からも来てる」

「高松から琴電も来てる」

「呉市電も駆けつけてる……まぁ近いからなぁ」

それぞれが感嘆の声を挙げながら、集中して資料を読み進めました。

「酒やタバコの配給のことが書いてあるよ」

被爆直後の悲壮感よりも、復旧への諸問題に取り組む姿や配給のことなどが事細かに書かれており、人間味のような、当時の生の姿を感じさせてくれる貴重なものでした。

しかし、肝心の「土佐」や「高知」が見当たりません。3人でしっかり確かめたのですが、どこにも書かれていなかったのです。

日誌を残した松浦さんは電気課長なので、日誌には架線や架線柱、変電所に関する記述が多く、車両や保線関係の救援なら記載がない可能性もあります。救援の時期もはっきりしないので別の記録にあるのかもしれない、というのが、資料を閲覧した３人の一致した見解でした。閲覧した業務日誌は、１９４５年の被爆からその年の11月までのものでした。

それと前後して、高知にある路面電車愛好団体「高知の電車とまちを愛する会」の田村倫子さんからの情報で、番組でインタビューを受けていた小松さんが、土佐電気鉄道に在籍していたことが確認できました。

また田村さんによると、土佐電気鉄道の社史編纂に関わった方に尋ねても、広島へ救援に行ったことは初耳であるとのことでした。そのほか高知の戦後資料にも情報がないことも教えてもらいました。

●行き詰まり

私は後日、ＮＨＫ広島放送局に向かいました。そこには平和アーカイブスが設置されており、過去に放送された原爆や平和に関する番組を見ることができます。

ひょっとしたら当時の取材資料も残っているのではないか。平和アーカイブスに到着後、受付の女性に番組名を伝えると、女性はファイルを取り出して確認してくれ、「そのような番組はない」と言いました。

驚いた私は、1991年8月1日に放送されていることを伝えましたが、やはり平和アーカイブスには記録がないとのことでした。資料が残されているかどうかも確認が取れませんでした。

番組のデータがなくても何か資料が残されていないか尋ねると、電話で別の方にも確認してもらえたのですが、質問などはホームページのお問い合わせフォームからお願いしたいこと、仮に取材で得た資料が残っていたとしても、お見せすることはできないことを伝えられました。

個人的な興味からの確認ではなく、何らかの組織として公的な確認であれば、対応は違ったのかもしれません。

ハードルが高いなぁ……。でも、諦めてはいけない、考えろ考えろ。

平和公園にある広島平和記念資料館の情報資料室にも、高知からの救援に関する情報はありませんでした。

被爆後の広島に来たのなら、被爆者健康手帳を持っている方がいる可能性もあると考え、広島市の担当部署にも問い合わせましたが、当然のことながら、個人情報保護でお伝えすることはできないとのことでした。

高知県の被爆者団体は、76年の年月は長く、連絡を取ることはできませんでした。

そして思いついたのが、NHKの退職者ルートでした。というのも、前年の秋に84歳で他界した父はNHKの職員で、退職後も退職者の集まりなどでは役員として関わっていたのです。

思いついたらすぐ実行。父が在職中や退職者の役員時代によく聞いていた名前を母に尋ね、名前を聞き出し、NHKの退職者担当部署に電話しました。

その方は、父の名前を出すとすぐに対応してくれました。残念ながらここでも欲しかった情報は得られず、30年前の番組に携わった方について聞くことはできませんでしたが、思わぬ収穫もありました。父との思い出を父の部下だった方が書いた冊子を入手することができたのです。

冊子を読んで感激した母が、仏壇に手を合わせながら父に話しかける姿に、ちょっとは役に立ったかなと思い、いや違う本来の目的は高知からの救援だ。スタートラインに戻っただけだと、再び知恵を絞ります。

●ドラマからのアプローチ

正面から尋ねてもダメ、退職者のルートもダメ。そこで次に思いついたのは、ドラマです。２０１５年に俳優の阿部寛さんが松浦明孝電気課長を演じ、黒島結菜さんが運転士として被爆後の一番電車を運転したドラマ「戦後70年 一番電車が走った」が放送されました。

このドラマの制作陣なら、きっと30年前の証言ドキュメントも観ているはずです。30年前の証言ドキュメントと違い[*3]、ドラマのスタッフもわかります。

調べてみると、制作統括としてNHK広島の奥本千絵氏が関わっているようで、なんとかコンタクトが取れないものかと調べましたが、すでに広島から異動したとのこと。思い切ってNHKの本部に電話してみても、アポイントがないので取り次いでもらえません。

＊3　30年前の証言ドキュメントにはスタッフロールがなかったので制作陣が不明でした

よし、それなら問い合わせフォームに、これまでの経過も添えて高知からの救援について調べていることを書こう。熱意が伝わるように、一生懸命に書き込みました。すると、文字数オーバー。それも、かなりオーバー。ダメだ！　問い合わせフォームじゃダメだ。手紙にしよう。広電の乗務員であること、１９９１年放送の証言ドキュメント内の高知からの救援について調べていること、そしてこれまでの経過とともに、ドラマの制作統括だった奥本氏にお尋ねしたいこと、それらを書いて郵送しました。

伝わってくれと祈りながら、ポストに投函。あとは待つだけです。

１週間後、返信がありました。そのときは本当に嬉しかった。真摯に対応してもらえ、想像通りドラマ制作の過程で、30年前の証言ドキュメントを観たこと、そしてこのドキュメントの担当ディレクター浜野高宏氏が、まだＮＨＫで働いていることがわかりました。

後日、浜野氏との電話が可能かどうかまで奥本氏に確認してもらえたのですが、そのとき奥本氏より「ドラマ制作時に広電側の担当だった女性はお元気ですか」と、聞かれました。

縁というのは不思議なもので、会社で「市内電車の開業100周年は派手にやったのだから、宮島線の100周年も何か企画をしてください」と伝えた相手であり、複写保管していた松浦電気課長の業務日誌の閲覧を許可してくれたのが、その女性でした。

そうか、そういう繋がりがあったから、今回の問い合わせにも対応してもらえたんだ。点と点が線になる感覚というか、松浦さんに導かれているというか。

ただちに、元気に働いていることを奥本氏に伝えるとともに、後日女性にも、奥本氏と連絡が取れたことを伝えました。お互い、ドラマ制作時のことを思い出されたようです。

そして、いよいよ担当ディレクター浜野氏に電話です。浜野氏は俳優の柳楽優弥さんや三浦春馬さん、有村架純さんが出演した映画「太陽の子」の制作にも携わっており、NHK広島放送局に勤務していた際には、平和記念資料館の被爆者証言ビデオの撮影を通じて、原爆に向き合ってこられたそうです。電話では当時のことを思い出しつつ、話してもらえました。

「高知からの救援は、書類や文献からではないんです。各地の鉄道会社に電話して広島への救援について調べ続けた中で、高知からの救援の話に出会った記憶があります。それ以外の記憶はありません」

あれっ？

結局、最初の証言ドキュメントに戻ってしまった。松浦さんに導かれたはずが、行き止まり線路に入り込んで車止めに当たってしまった。

それが、高知の救援について調べ始めて半年以上経った、2022年5月のことでした。

●人生の大きな変化

2022年は波乱の年でした。

宮島線の開業100周年を8月22日に控え、ご縁をいただいて沿線の公民館で「宮島線のはなし」という歴史講座を行うことになっていました。

一方で、春には急な入院と手術をしました。脳下垂体に腫瘍があって、こいつが時々悪さをする。悪性ではないので、一病息災を気取って付き合うつもりが、術後の1週間はベッドで仰向け固定。ようやく退院して復職し、公民館での講座もはじまり、待ちに待った宮島線開業100周年を迎えたときに、思ってもいなかった地獄が待っていました。

ある出来事から離職を選択しなければならなくなったのです。

辛かったけれど、すべてを受け入れました。平生往生、すべて自分事。

これも人生。生きているだけで丸儲け。のはずが、こたえました。

広島で暮らしていると、電車は避けられない。出かければ電車に出会い、家にいても踏切の音が聞こえる。いくら強がってみても、人って弱い。夜、眠れなくなりました。

でも、持ちこたえました。

入院してベッドに固定され天井を見続けていたときも、離職して無重力のような深い闇に吸い込まれる感覚のときも、持ちこたえました。

それは、宮島線の講座を行っていた責任もあるけれど、高知からの救援を証明しなければという役割。誰に言われたわけでもないけど、これは俺の役割なのだと。

離職後、突如できた自由な時間。自由な時間は、自由じゃない。ただの空虚。だから、高知に行きました。役割を果たしに。

これで何かを掴めたら感動ストーリーですが、調べても調べても、あのインタビュー以外には、高知からの救援について何も見つからない。それどころか、NHKの番組内で土佐電気鉄道OBの小松さんが話したように、高知はB29の大編隊による空襲で壊滅していました（写真6）。ほかからの救援を受けるほどに大変な状況だったのです。救援を受けて1か月後の8月3日に、ようやく一

写真6　高知の被害（画像提供／とさでん交通株式会社）

部の区間が復旧したばかりで、8月6日はまだまだ復旧の途上。

もう無理だ。

調べることが、逆に否定につながる。

もうやめよう。

それが、走り去る路面電車を目で追い、陽射しを避けながら歩いた高知で、たどり着いた結論。帰ってきた広島は、秋がはじまっていました。

●決意を新たに

電車の運転しか能のない者が離職すると路頭に迷うところだけれど、幸いなことにパートとはいえ仕事に就くことができました。移動スーパーの販売ドライバー。

お惣菜など食料品を中心に軽トラックに満載して、郊外に移動して販売する仕事。主なお客様は、免許返納などで車を手放したご高齢の方々。

そこには私の想像を超えた現実が待っていました。どこにも行けず、ただ移動スーパーの食料品を待つだけの高齢者。頼みの綱の路線バスも、縮小減便、そして撤退など。公共交通に携わっていた者として、「車を手放してもバスや電車があるから大丈夫」と言えない現実。

原爆で焼け野原になったとき、わずか3日後に復旧したことで市民に勇気を与えたと伝わる路面電車。バスも同じく、大被害に遭いながらもすぐに走り出しました。

そんな命綱であるはずの、走ることで地域を支えるはずの公共交通が、どんどんなくなっている。

転職しても、公民館などで宮島線の話を続けていましたが、公共交通をもっと身近に感じてもらうために、もっと多くの方に魅力を伝えたい。もっと多くの方に公共交通の重要性を知ってもらいたい。

だから、広電宮島線の本を書こうと思いました。

そして、ローカル鉄旅ライターのやまもとのりこさんの紹介で、出版社・南々社を訪れて「宮島線の本を出させてください」とお願いしました。

拙著の中で、被爆直後の宮島線のことも紹介しています。己斐駅（西広島）の駅舎は爆風で倒壊するものの、燃えなかったこと。廿日市変電所からの送電復旧のために手を尽くした方がいたこと。そして、8月6日の午後2時には草津—宮島間で運行再開し、翌7日の夕方には己斐からの全線が復旧したこと。五日市や楽々園、そして廿日市の救護所に負傷者を無料輸送したこと。公共交通である宮島線が走ったことで、助かった命がたくさんあるのです。

ありがたいことに、この本は多くの方々に読んでいただけました。何の変哲もない、普段乗っているいつもの電車。そんな宮島線にも、歴史があり今につながっている。それが伝わったことがとてもうれしくて、書いてよかったです。

そんな出版後のある日、南々社の西元俊典社長と話していたとき、棚上げにしている高知からの救援について口にしました。すると「来年(2025年)は被爆80年の節目の年だから」と興味を示されたので、例の証言ドキュメントを観てもらうことにしました。

そして、NHKへのアプローチや高知でわかったこと、調べれば調べるほどに高知からの救援を否定してしまうこと、もし可能性があるならば、それは松浦日誌しかないということを伝えました。

「広電本社に残されている松浦日誌の複写を、閲覧できませんか」

「私ももう一度読みたいところではあるんですが、退職したので閲覧へのハードルが上がっているんです。原本を見つけましょう」

30年前の証言ドキュメントで、松浦日誌が丁寧に保管されている様子が画面に映っていました。きっと今でも保管されていると確信していたから、複写ではなく原本をと言えたのです。

それに、高知からの救援は被爆直後ではなく、翌年あたりまでも可能性があるのではないかと考えていたので、1945年11月までしかない複写よりも、松浦日誌の原本のことしか頭にありませんでした。

なんとかして原本を探そう。

そう話してから、一緒に録画を見直していると、

「ちょっと止めて。いま地名が映っていませんでした?」

西元社長がふいに指摘し、指の先に目を凝らすと、確かに地名が読めます。見落としていました。日誌について、ご家族が話している場面で、一瞬ですが地名が映っています。

ネット時代はありがたいもので、自宅に居ながら町内を探し「歩く」ことができます。帰宅した私は、ひたすらGoogle Mapのストリートビュー

で地名が示すあたりを歩きました。

１９９１年放送の証言ドキュメントでは、番組のディレクターらしき人物が松浦邸に向かって道を進むシーンがあります。やや下り坂で、緩やかに右カーブ。家は建て替わり風景は変わっても、道の形は変わっていないはず。

４時間近く動き回ったけれど、ここだと思える場所がありません。でも、ヒントはありました。番組のディレクターが松浦邸に向かうシーンの背景には高く伸びた木が見えます。

高い木を探そう。

画面を航空写真に切り替えて緑を探すと、目立つ大きな木はいくつかあるけれど、その周辺を「歩き」回っても地形が違います。

ここかなと思い「地上」に降りてストリートビューで近づけば、木のあったところが駐車場になっていたり、大きな木だと思っても横に広いだけで低い木だったりして、何度も「地上」と「上空」を往復します。

その時、よく似た緩やかな坂道に気がつきました。さらに周辺を探し、マウスを操作する手にも力が入ります。そして、見覚えのある家が見えてきました。

建物の周辺は建て替わっていますが、番組に出てきた家のように見えます。確証はありません。けれど私は、ここに間違いないと感じたのです。あった。

そして、日誌はここにある。

心配なのは、Google Map のデータがいつのものなのか。その後建て替えられたり、更地になったりしていないのかです。

すぐに西元社長に連絡して、数日後に現地を訪れました。

意を決して玄関の呼び鈴を押すと、少し経って、高齢の女性が出てきました。松浦電気課長の長男の奥さまです。

身元をお伝えし、松浦日誌の閲覧をお願いしました。すると、手帳は手元にはなく、ご子息（松浦電気課長のお孫さん）が管理しているとのこと。管理しているということは、いまも残っているということです。

奥さまによると、ドラマ撮影時には松浦課長役の阿部寛さんも、仏前に手を合わせに来たそうです。

ご子息への取り次ぎをお願いし、その日は帰りました。

●繋がるご縁

1週間後、西元社長から日誌を管理しているお孫さんと連絡が取れたと連絡がありました。日誌の閲覧については、一度対面して話をしたのちに、家族で協議して判断するとのことでした。

松浦電気課長の後輩にあたる広電の元乗務員とはいっても、すでに離職したパート労働者であり、大学や研究機関の者でもなく、ただ個人の興味の延長として松浦日誌の閲覧を希望している私。閲覧を拒まれるのではないかと不安でなりません。何としても、閲覧のお許しをいただかなければ。

松浦電気課長のお孫さん、松浦由浩氏との面談を迎えた日は、とにかく緊張していました。

出版社の一室でご挨拶し、松浦日誌への思いをお話したのですが、思いがけない言葉がありました。

宮島線の本を出版して以降、何度か新聞やラジオで紹介してもらっていました。その一つ、地元のラジオ局、ＲＣＣ中国放送の朝の情報番組「本名正憲のおはようラジオ」に出演したときの放送を、松浦氏は移動中の車で聞いていたというのです。

　番組では、宮島線のさまざまな魅力をお伝えしたのですが、最後に「今後の予定は？」と聞かれました。

　私は、「来年は被爆80年であり、被爆直後の電車の復旧に各地の鉄道会社から救援があったことがわかってきたので、それをもっと調べてみたい」と答えました。それを聞いていたのです。

　そして、最終的な判断は家族での協議で決めるが、あなたなら大丈夫と仰っていただけたのです。

　また繋がった。

　人って繋がる。動けば繋がる。まるでレールが敷かれているかのように、進む方向があって、信じて進めばその先は一人ではなく、誰かと繋がる。

　そして、お許しをいただき、ついに念願の松浦日誌と出会える日が決まりました。

　お貸しいただける2か月の間に、日誌をパソコンに取り込み、文字起こしを行い、とにかく整理。ただし、作業中に日誌を傷めてはいけません。乾燥剤や保存袋、そして無反射ガラスなどを用意。最近は手書き文字の認識も向上しており、ＯＣＲソフトで効率よく文字起こしするために、詳しい方にも相談しました。

対面した日誌群は、心配していた紙質は良好で、綴じ目を開きすぎないように注意すればスキャンは可能でした。

小さな手帳に、小さな文字でびっしりと記述されており、文字が薄くて判読困難な部分もあります（写真7左）。

大きく開けないものは、右ページと左ページをそれ

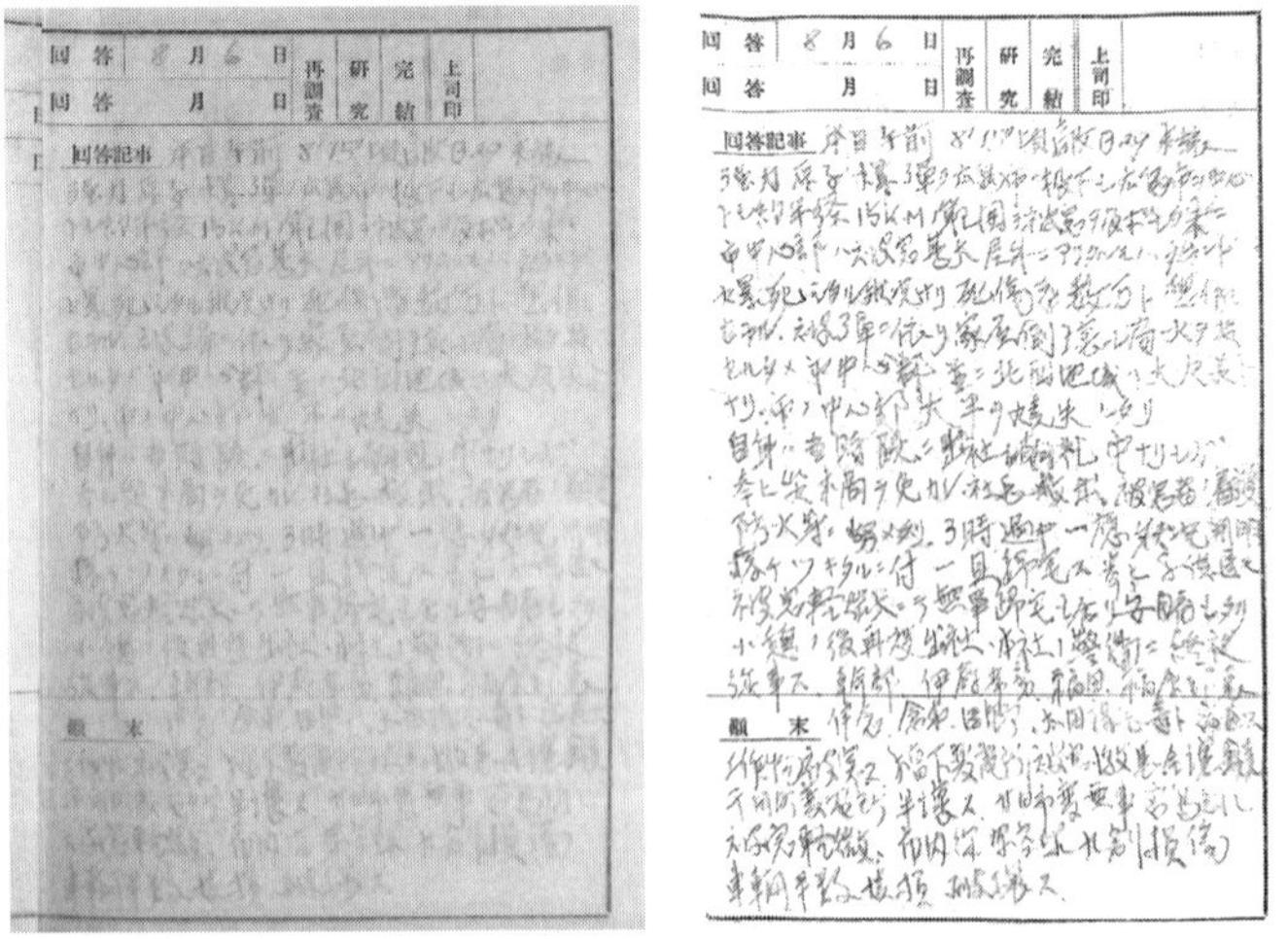

写真7　8月6日の業務日誌。コントラスト調整前（左）と調整後（右）
（松浦由浩氏所有）

ぞれ90度開いてスキャン。取り込んだ画像のコントラストを調整して、文字を浮かび上がらせ、大きく拡大して判読します（写真7右）。

ＯＣＲソフトによるテキスト化は、数種類試しましたが読み取りは不可能でした。文字が小さく、言葉遣いも字体も現代のものとは大きく異なる。人の目で読むことが一番早く、そして正確だと判断しました。

松浦さんは、今風にいえばメモ魔なのだと思います。お借りしたなかには、少年だった大正時代の日記や、学生時代を過ごした東京でのこと、社会人となり、逓信省《ていしんしょう》*4で働いていたときのもの、そして被爆前後の広電時代のものがありました。最晩年の日記もあり、熱烈なカープファンのおじいちゃんがそこにはいました。

今回の目的は、高知からの救援を示す記述を探すことと、各地の鉄道会社

写真８　少年時代から最晩年までの日記13冊

＊4　逓信省
かつて日本に存在した、通信・海運・郵便などの事業に関する行政機関

からの救援について確認すること。

そうしてスキャンした日誌を読んでテキスト化していく作業を始めたのですが、そこに記されていた情報は、それ以外にも貴重な出来事が綴られていました。

次章から、日誌を読み進めていくうえでわかった松浦さんの被爆前後の動きを、電車に関わる部分を中心に紹介します。ともに当時の情景を思い浮かべつつ、80年前のリアルを感じ取っていただけたら幸いです。

第2章

日誌　被爆前

●書きぶりから伝わる松浦さんの人柄

時は丁度12時に5分計り前[*1]なりき、突如怪しき音響は響き渡りぬ

1900（明治33）年生まれの松浦明孝さんは、1923（大正12）年9月1日に発生した関東大震災の日、東京電機大学の前身、電機学校の学生として東京にいました。

「のんびりとくつろいでいた土曜日のお昼前、突然怪しい響きとともに床下から突き上げてくるような強烈な揺れに襲われ、慌てて柱につかまったが、上下だった揺れはすぐに左右の揺れに変わり、建物も激しく揺れ始めた」と日記に書いています。

その後、松浦さんは逓信省に入省。電気事業主任技術者となり、のちに軍需省[*2]軍需監理官を経て、1944（昭和19）年末、40代半ばに、電気課長として広島電鉄株式会社に入社しました。

40代半ばでの転職。それも行政機関から民間企業への転職です。転職して間もない1945（昭和20）年の年始。会社員として新年の行

＊1　**12時に5分計り前**　11時55分ごろということ。関東大震災が起こったのは、公式の記録では11時58分

＊2　**軍需省**　太平洋戦争中（1943年）に設置された、軍の運営維持に必要となる軍需生産を管轄する行政機関。1945年廃止

事に参加した日の日記には、役人から民間人となったことを「変な気持ち」と書く一方で、「山口社長[*3]の訓示は味があったが、あまり上手ではなかった」と、人柄を感じさせる正直な感想も綴っています。

ちなみに、その山口社長と松浦さんの相性は、あまりよくなかったのかもしれません。「山口社長に何時も試験されているような重苦しさがあった」と日記に記しているときがあり、年度替わりの1945年3月に山口社長から多山恒次郎社長への交代が伝わると、「小生としては一抹の寂しさと気安さを感じる」とも書いています（なお退任した山口社長は、広島ガスの社長として爆心地に近い大手町の広島ガス本社で亡くなりました）。日記になんでも書き残す松浦さんは、今で言うと「メモ魔」ということになりますね。

さて、1945年に書かれた松浦明孝電気課長の日誌は3冊あります。1冊目はA5サイズのノートに、広電の電気課長として日々の業務を記録した業務日誌。2冊目は一般的なポケットサイズの手帳で、松浦さんの個人的な日記に相当するものです。

＊3 山口社長
1942～1945年まで広電社長を務めた山口吾一氏のこと

１冊目の業務日誌は８月５日までと11月26日からが書かれており、その間は空白となっています。原爆投下の日から11月25日までの記載はありません。この空白の１１２日間を記録した冊子が、３冊目です。別で残されていました。

１冊目の業務日誌と２冊目の個人手帳から、松浦さんが見た被爆までの実際を知ることができます。業務日誌には、新米電気課長が直面したさまざまな課題が小さな文字でビッシリと残されています

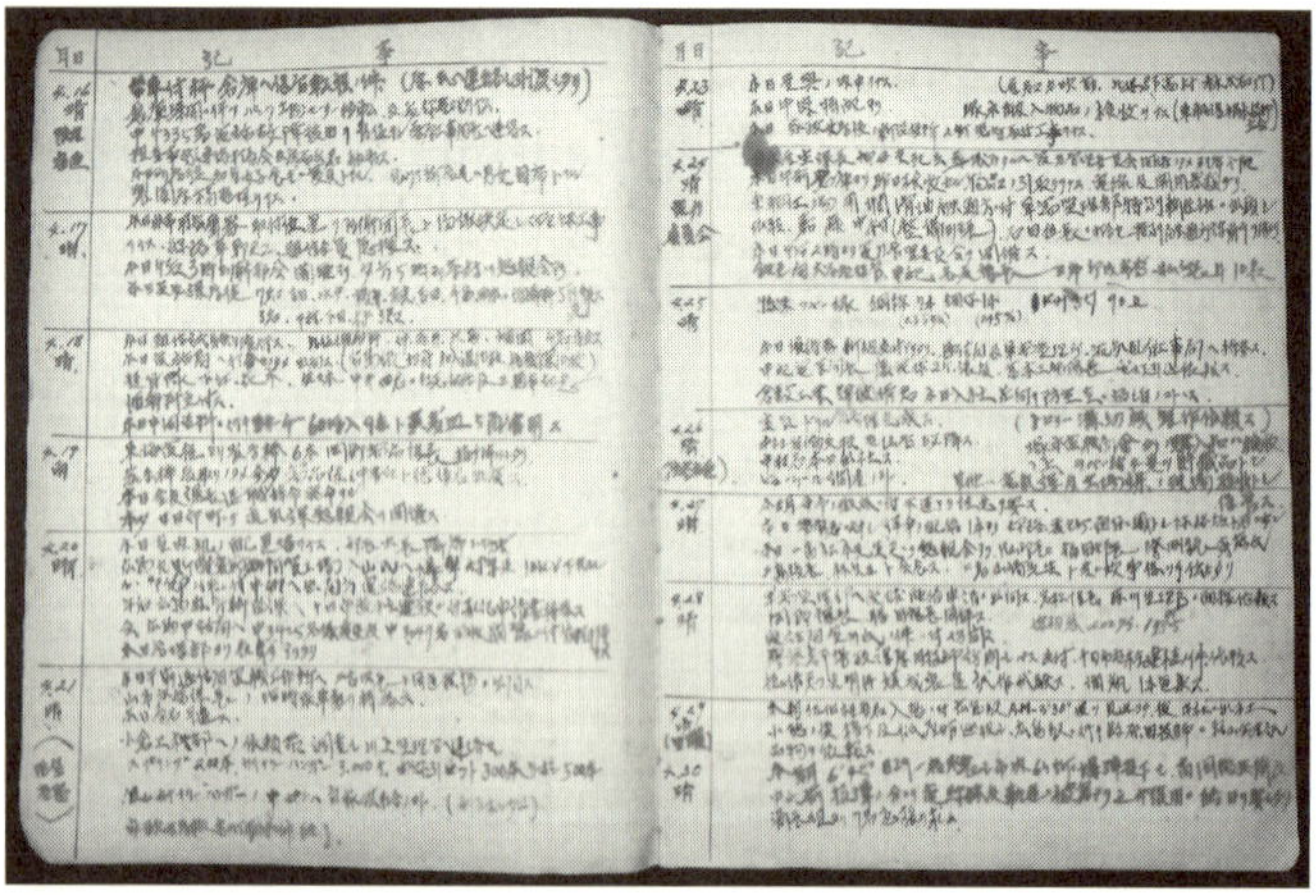

写真９　１冊目の業務日誌（松浦由浩氏所有）

（写真9）。

●戦争の影響① 人手不足

松浦さんが入社した頃の広電は、戦争の影響を受けながらも、市民の足である電車を運行していました。業務日誌に触れる前に、その頃の広電について説明しておきます。

「電車部」には、松浦さんが率いることとなる「電気課」のほかに、運転士や車掌、駅員や駅長、信号を取り扱う係員などが所属する運輸部門、電車の点検や修理を行う整備部門、線路などを管理する保線部門がありました。

現在の広電でも同様ですが、それぞれの部門には専門性に優れた社員が多く、ベテランから新人へと技術を受け継ぎながら、電車の安全運行が守られていました。しかし、電気課だけでなく運輸部門や整備部門、そして保線部門からも、熟練社員や若い社員が次々と召集されていきます。

ちなみに、残された家族のためにも、召集された社員の給料は継続して支払われていました。

電気課には、電力会社から届いた電気を直流600ボルトに変える変電所や、変電所からの電気を届ける電線（饋電線《きでんせん》）や架線を管理する部署、信号や通信の部署もあります。

不足する人員を補うために、女子挺身隊[*4]の学生を受け入れていましたが、学生といっても15歳前後の少女たちです。電気課長として、彼女たちの受け入れや配属だけでなく食堂や更衣室の準備、酒肴料《しゅこうりょう》と呼ばれる勤労報奨金の手配も行っていました。

松浦さんの個人手帳に記載された金銭出納表には、足らなかった酒肴料を自腹で補っていることが書かれていました。また、彼女たちの命日にあたる被爆1年後の8月6日、お墓参りのため、松浦さんは仕事を休んで熊野町を訪れています。受け入れ学徒の親代わりという責任感があったのかもしれません。

＊4　女子挺身隊
太平洋戦争中（1944年）に労働力不足を補うために創設された勤労動員組織。主に未婚女性によって構成されました

●戦争の影響② 資材不足

戦争の影響は、人員の問題だけではありません。軍需優先なので必要な

資材も入手困難です。業務日誌には、電線や部材の確保に奔走する様子も残されており、四国や九州の事業者に問い合わせたり、出身の軍需省を訪ねて要望を伝えたりしています。

現在の本川町電停近くの奥まった場所に、広電の中央変電所が建っています（写真10）。

写真10　本川町中央変電所

爆心直下にあり壊滅した櫓下《やぐらした》変電所の代わりとして、1947（昭和22）年に建築された中央変電所は、被爆後に建てられた鉄筋コンクリート建築です。被爆と敗戦による混乱で資材不足の中、わずか2年後に変電所を造ることは容易なことではなかったでしょう。

その中央変電所に設置された整流器などは、被爆前に吉田町[*5]に疎開させておいたものでした。機器類の疎開や中央変電所の建設も松浦さんの仕事です。

＊5　吉田町
現在の安芸高田市

路線の付け替えや新設も行われました。「写真11」は中央変電所のある本川町電停から南側を写したものです。

もともとの線路は、左官町[*6]電停から繁華街だった堺町を通って土橋に向かっていたのですが、1944（昭和19）年12月26日に十日市—土橋間が直結され、堺町を通る区間は廃止されました。江波にある三菱重工で働く工員が省線[*7]横川駅（JR横川駅）から少しでも早く通勤できるようにするためです。

写真11　旧堺町ルート（現在の本川町あたり）
写真の奥に向かって線路が延びていました

その翌日には、的場町から比治山下を通る皆実線も開通。1日違いで開通したどちらの区間も、軍の意向によってできたのです。

軍は観音にある三菱重工造船部への通勤時間短縮も求めたのでしょう、西天満町[*8]から観音地区へと伸びる観音線計画も控えていました。

＊6　**左官町**　現在の広島市中区・本川町

＊7　**省線**　かつて国の行政機関が運営していた鉄道路線

＊8　**西天満町**　現在の広島市西区・天満町

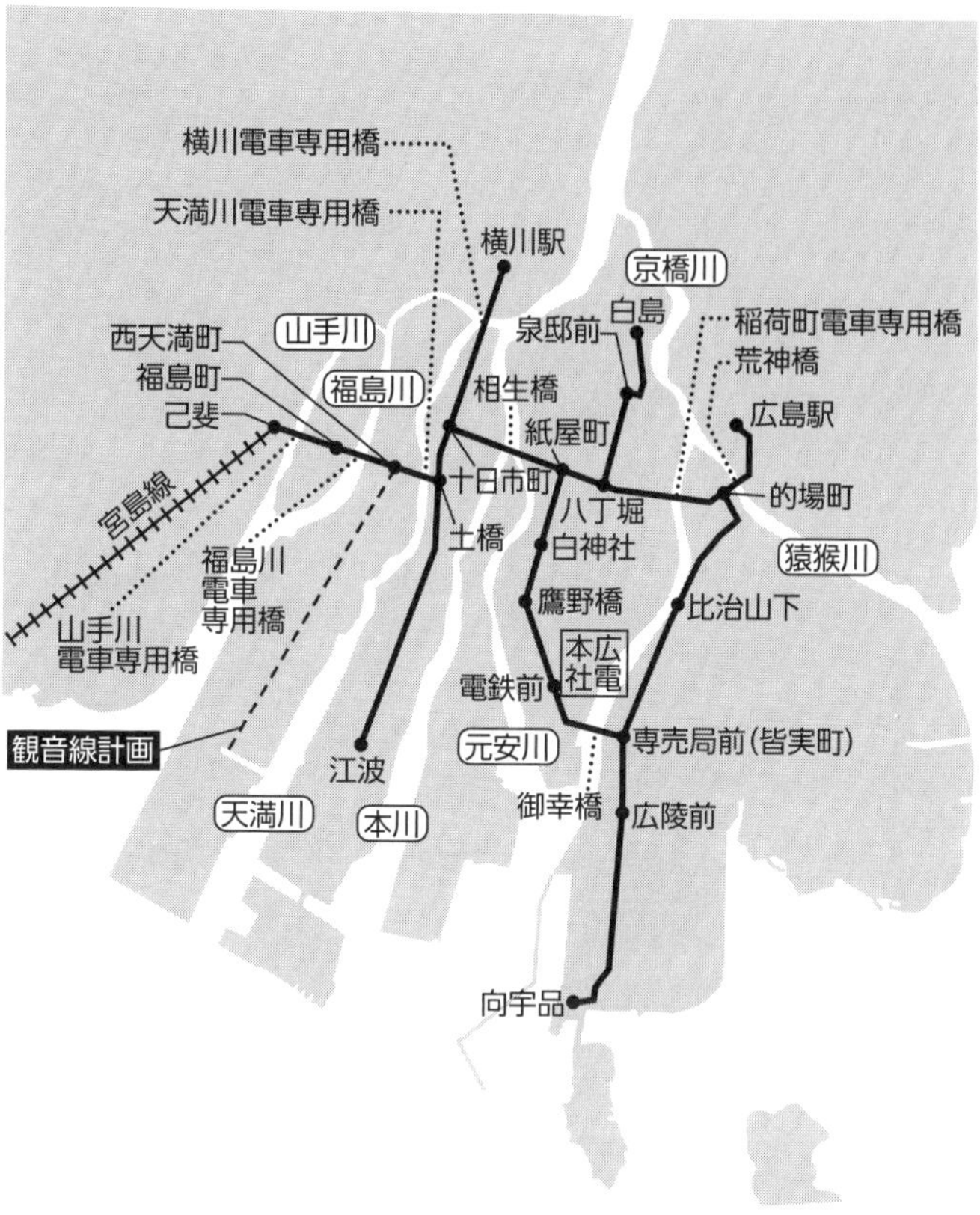

図1　1945年ごろの路線図（被爆前）

業務日誌3月5日の記述には、「観音線 電車線[*9]は宮島線を撤去流用す（第一期分）[*10]。第二期分は白島線と堺町線を撤去流用す」とあります。

観音線計画以前に、そもそも皆実線建設のために、宮島線の廿日市―宮島間はレールが撤去され単線になっていました。それなのに観音線の新設のため、宮島線はさらに単線化区間が増えていたのかもしれません。それでも足りない部分は、第二期分として白島線にも単線化や休止の予定があったことや、廃止された堺町線には電線がまだ残っていたことがわかります。

ちなみに、宇品線（省線）は、1894（明治27）年8月21日に日清戦争へ出征していく兵士や、物資の輸送を行う軍専用線として開業しました。5・9キロメートルの路線を、たった17日間の工事で敷設しています。

太平洋戦争中は全国から召集された兵士や、大量の物資が通る重要な路線で、その輸送規模を物語るように、宇品駅のホームは563メートルもありました。現在日本で一番長いJR京都駅の558メートルよりも長かったのです。

故国日本を離れる最後の場所。宇品駅のホームに降り立った兵士は、どのような気持ちだったのでしょうか。そして、無言の帰還となる兵士も、

＊9 電車線
架線や饋電線のことで、レールや枕木は含みません

＊10 第一期・第二期
推定ですが、西天満町から観音の三菱重工造船部までは距離があるので、工期を分けて計画していたのだと考えられます

宇品駅から故郷へと戻っていきます。

重要な輸送を担う宇品線。ましてや出征する大切な兵隊さんを立たせるわけにはいかないので、宇品地区で働く人々は路面電車での通勤が求められました。しかし当時、広島駅から宇品までは、紙屋町を通る遠回りルートのみ。それゆえ、皆実線を作って通勤時間の短縮が計画されたのです。

被爆後は変電所の容量不足や車両不足の影響もあり、皆実線の復旧は1948（昭和23）年7月1日になりました。

そして、物資不足により、皆実線建設のために一部単線になっていた宮島線の複線復旧は、それよりさらに2年遅れた1950（昭和25）年7月24日でした（写真12）。

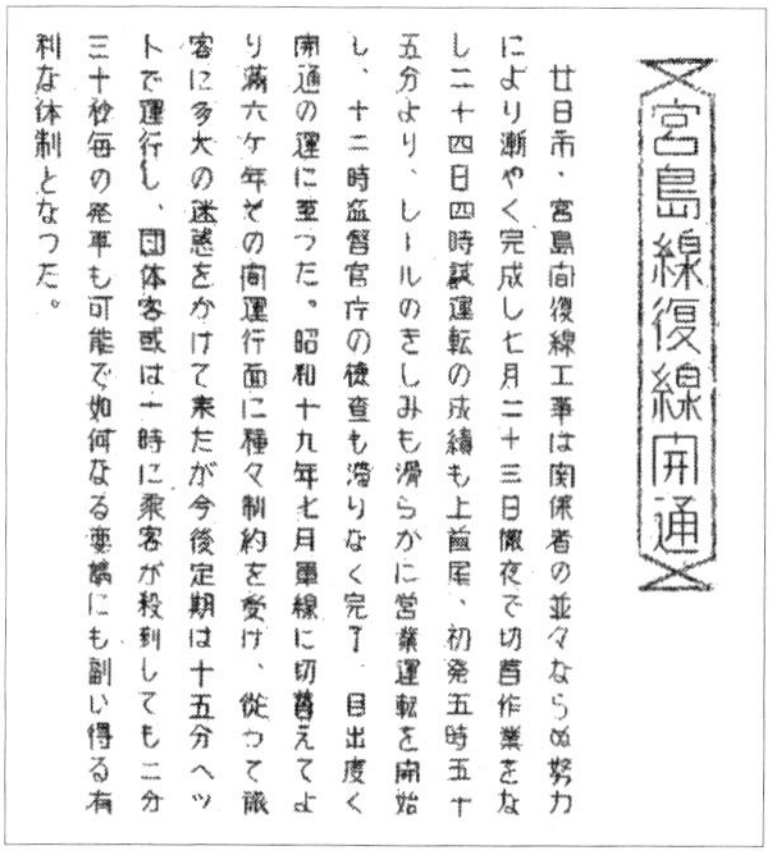
宮島線復線開通

廿日市・宮島間復線工事は関係者の並々ならぬ努力により漸やく完成し七月二十三日徹夜で切替作業をなし二十四日四時試運転の成績も上首尾、初発五時五十五分より、レールのきしみも滑らかに営業運転を開始し、十二時監督官庁の検査も滞りなく完了。目出度く開通の運に至った。昭和十九年七月単線に切替えてより満六ケ年その間運行面に種々制約を受け、従って乗客に多大の迷惑をかけて来たが今後定期は十五分ヘットで運行し、団体客或は一時に乗客が殺到しても二分三十秒毎の発車も可能で如何なる要請にも副い得る有利な体制となった。

写真12　宮島線 複線復旧の記事
４行目「レールのきしみも滑らかに」に当時の感慨が感じられます
（広電社内報『輪苑』1950年、第10号８ページ）

●電車を守るための対策

1945（昭和20）年になると、日本の各地で空襲が激しくなります。灯火管制《とうかかんせい》＊11によって、路面電車も、前照灯（ヘッドライト）を点灯して運行することができなくなりました。

真っ暗な中での運転なので速度は極めて低速です。夜間の運行は減らされ、終電も午後8時頃に早められました。運行を終えた電車は車庫に戻りますが、もし車庫を爆撃されたら貴重な電車が全滅しかねません。そのために対策の会議があり、電車の分散留置が決まりました。

1945年3月31日(金)晴
午後、防空重要対策打合会の件。(車両疎開)。丹那線《たんなせん》新設。構内変電所付近および本社付近建物疎開の件決定す。
防空対策決定事項
①車両の分散　丹那堤防に分散線を新設延長す。亘長225メートル、工費2万5千円

＊11 **灯火管制**
敵の空襲に備え、夜間は電灯の明かりが漏れないようすること。各家庭でも対策が求められました

写真13　1935（昭和10）年ごろの桜土手。堤防の上に丹那土手引込線が建設されました（『写真で見る広島あのころ』中国新聞社、1977年）

写真14　現在の丹那土手引込線跡。奥に県立広島病院（広島市南区・宇品）

決定から2か月後、分散留置するための引込線工事を開始。

「丹那線」とは丹那土手引込線[*12]のことで、現在の県立広島病院前の道路部分にあった留置線を指します（写真13、14）。

＊12　丹那土手引込線
「丹那堤防分散線」「桜の土手引込線」など、一般的にはさまざまな呼び名があります

この丹那土手（桜土手）は、明治初期までの海岸線でした。海と陸を隔てる堤防で、県病院のあるほうが海です。

埋め立てが進み、堤防としての役割は終えていましたが、そこに故障車や老朽化した電車を留置することで、本社車庫に余裕を持たせようとしたのです。

3月31日の会議では他に、千田車庫（広島市中区・東千田町）の裏側に出庫線を建設することが決まりました。

現在の千田車庫の出庫口は1か所しかありませんが、当時も出庫口は1か所だけ。それだと空襲や火災のとき、緊急に出庫して電車を逃がすのにも時間がかかります。

そのため、千田車庫裏線が必要とされました。変電所横を抜けて、御幸橋へとつながる線路です。

丹那土手引込線と千田車庫裏線は、終戦の2か月前に作られ、戦後すぐに撤去されました。松浦さんの業務日誌には、丹那土手引込線建設の苦労が書き残されています。

5月30日（水）晴
丹那土手引込線電柱建設の件、土木課と打合せ即時建込のこととし、了解を得たり。満長組本日より着工せり

満長組とは、外部請負の電気工事会社です。丹那土手の工事のほかに、車庫裏の引込線工事でも、架線や架線柱の作業は満長組に任されました。被爆後の復旧にも大きく関わっています。

6月4日（月）晴
丹那土手工事進捗せず焦慮《しょうりょ》す。
丹那土手の工事で常務より油を絞られ閉口。夕方も頑張る

6月5日（火）晴
満長組と打合せのうえ、明日よりは急速に実施のことと打合せす。
広陵前の亘線《わたりせん》*13工事電車線を新設す。ＰＭ3時より試運転をなす

＊13　亘線
下り線路から上り線路へと移動する際に通る線路のこと。「渡り線」と現在はいいますが、当時は「亘」という文字を好んで使っていたようです

人手不足と資材不足で作業が進まず焦っているようですが、伊藤信之常務に怒られたので、工事を急ぐことになりました。「広陵前」とは、現在の県病院前電停のことです。当時は広陵中学前でした。

6月21日（木）晴
丹那土手。満長西村休み進捗せず。輸送課より厳命あり。23日までに完成のこととし、架線より応援のこととす。
丹那土手はまた今日ごてる[*14]、つくづく厭《いや》になる

6月26日（火）曇・晴
丹那車庫線試運転100型2両をPM4時10分より出庫せしむ。今朝は気持良く動いた。会社の仕事も順調に進んだ。午後は試運転が出来て安心した。夕方は丹那土手に行って居たので遅くなった

6月27日（水）曇・雨模様
丹那線試運転100型2台支障なし。午前中実施。

＊14　また今日ごてる
「また今日も作業がうまく進まない」のような意味

午後、600型500型の試運転を1時30分より実施す

5月30日の着工から1か月ほどで、丹那土手引込線は完成しました。ときどき愚痴を吐きつつ、限られた資源の中でやり遂げました。

原爆投下後、アメリカ軍が撮影した空中写真には、丹那土手引込線に留置されている電車が写っています（写真15）。留置していた電車も原爆による爆風で被害を受けましたが、使用可能な部品を取り外して流用することで、電車の修理が進められました。

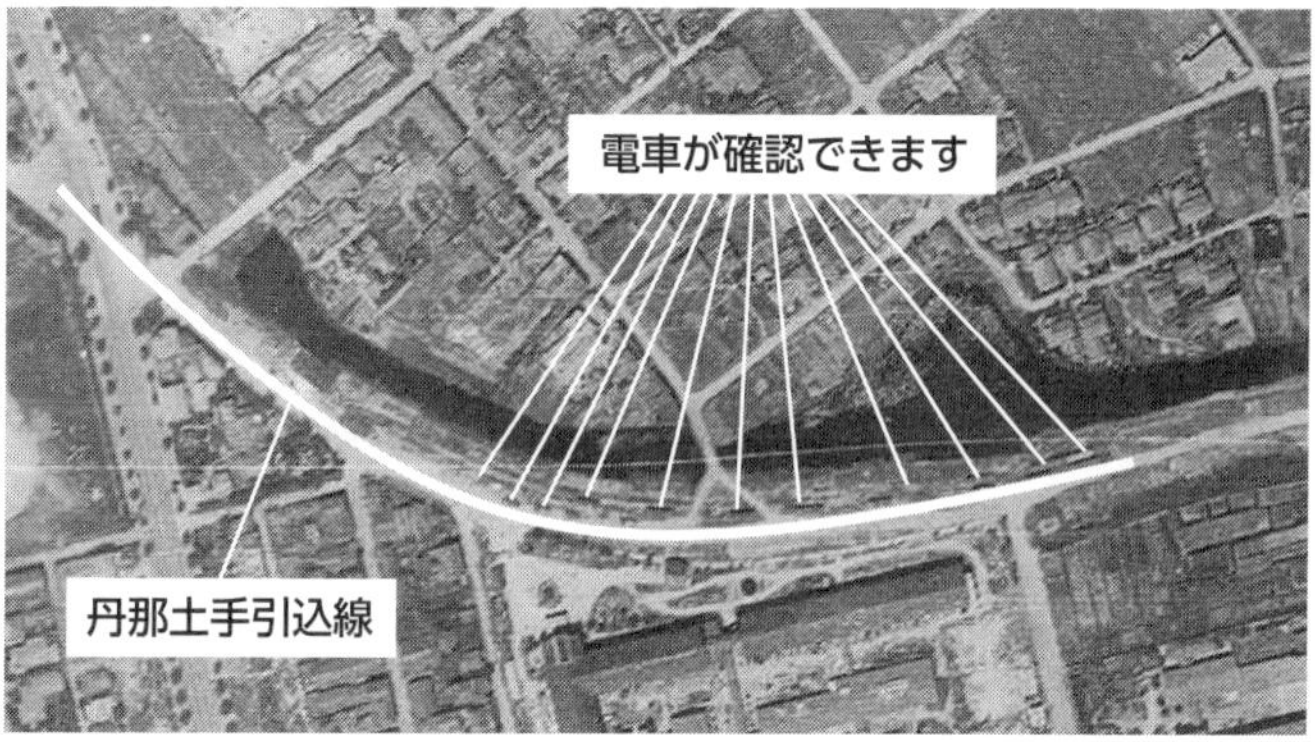

写真15　丹那土手引込線に並ぶ電車
（1945年8月8日空中写真〈米軍撮影、国土地理院より〉を加工）

●激しくなる空襲

原爆の破壊力を確認するため、アメリカが意図的に広島の空襲を避けていたことは知られていますが、原爆投下以前にも、小規模な空襲はありました。大空襲こそなかったものの、アメリカ軍機は頻繁に飛来し、その都度空襲警報が発令されました。

爆弾ではなく宣伝ビラを撒いたり、瀬戸内海に機雷を投下したりして、海上交通の麻痺を狙う空襲などです。

大竹や呉の大空襲も控えていた3月27日の日誌には、「本日B29、11機侵入の警報入り時態を警戒せるも九州方面へ進路変更し難を免れたり」と書かれています。空襲警報が出たので警戒していたがB29は九州方面へ進路変更し難を逃れた。この日、福岡県の大刀洗では千人を超える犠牲者を出した大刀洗大空襲がありました。

いつか広島にも大規模な空襲がある。広電の幹部も、そのための備えが必要だと考えます。終電後に電車を車庫に入れるのは被害拡大を招くとして、電車を車庫以外の場所に分散させて留置することになりました。

電車運転士の方が戦後、「定年退職にのぞんで」というタイトルで、当時を次のように語っています。

毎夜毎夜空襲で電車を守るため横川、江波、比治山下、高須等の各カ所に電車を疎開させ、夜は電車の中に寝たり、朝は出庫時間までに三両、四両を列車の如く連結して千田町に回送する有様で、家にもろくろく帰らず只一筋に電車を守ると言う一念で働いたものです。

（広電社内報『輪苑』１９５６年10月号14ページより）

終電後、市内電車を宮島線高須駅に移動して留置すると、翌朝は高須から下り線を退行運転（逆走）で己斐に戻ることになります。

当時、この区間にある踏切のうち、別れの茶屋踏切は自動化されていました。そのため踏切が誤作動しないよう警報機の回路を遮断しなければなりません。その対応も電気課の仕事でした。

努力もむなしく、原爆は空襲警報が解除された月曜朝のラッシュ時という、最も多くの電車が運行する時間に投下されたため、壊滅的な被害となったのですが。

空襲対策である分散留置では、先ほど紹介したように、故障車や老朽化した電車を車庫以外に留置するための丹那土手引込線と、空襲で車庫内に電車が閉じ込められるのを防ぐための千田車庫裏線が作られました。

疎開したのは電車だけではありません。原爆投下から30年経ったころの社内報には、当時を経験した方の次のような言葉があります。

社用で大阪に行く必要があったんですが、明石まで行ったところで神戸の大空襲がありまして、大人も子供も着のみ着のままで泣きながら避難してくるのに出会いました。当時、広島の人たちは空襲の本当の恐ろしさをまだ知らなかったんですが、そのような状況を目撃しまして、これは会社の書類が焼けてしまっては大変だと考え、上の人にも大いに強調した結果、書類と一緒に女子事務員七~八名を連れて楽々園に疎開することになったのです。

（広電社内報『輪苑』１９７５年8月号「原爆被災30周年座談会」）

楽々園遊園地[*15]（当時休園中）に移った本社への直通電話も、松浦さん率いる電気課の仕事です。電力会社である中国配電や電話局との交渉。電線や碍子《がいし》[*16]などの資材や工具の調達。そして、それら重要資材から変電所の整流器の疎開も差配。

合間をぬって帰宅したかと思えば、空襲に備えた防空宿直を行います。

6月15日（金）雨
本日原君防空当番代務す（但し弁当なし）

7月17日（火）雨・曇
本日防空当番あり。弁当代わりにパン持参す。久し振りに囲碁合戦を見る

7月29日（日）晴
本日休日なりしも夜間防空宿直のため出勤す

休日出勤や弁当なしの宿直の連続。土曜や日曜のない月月火水木金金の

＊15　楽々園遊園地
1935（昭和10）年ごろから1971（昭和46）年まで、広島市佐伯区・宮島線沿線にあった遊園地

＊16　碍子
電線などを支えている小さな器具

時代ですが、新米電気課長としてさまざまな課題を前に休む間もなく奮闘しています。

休む間もなくとは、まさしく言葉通り、休む間もなくです。宿直もなく自宅で過ごす日でも、早起きして畑仕事を欠かさず行っています。松の伐採作業の記述も多くあります。

5月28日(月) 晴

今朝は元気を出して松根堀りに行った。一寸えらかった[*17]。米英撃滅もなかなかに辛いものだ

これは松根油のためです。松根油とは松から採れる油の一種で、戦時中は代用燃料として期待されたものの、一本の松からわずかしか採れず、しかも低品質でした。

街道松などの銘木が数多く失われることになったほか、木炭確保のための大規模伐採が日本中で行われたため、ハゲ山が多くなり、結果として土砂災害も発生しました。

***17　一寸えらかった**　「ちょっと疲れた」のような意味

戦後、原爆の被害調査に来た京都大学原爆災害調査班も巻き込まれ、終戦から一か月後に広島県史上最大の被害をもたらした枕崎台風の土石流も、過剰伐採が関係しています。

松浦さんが最も苦心したのは、電車の集電装置であるビューゲルの改良でした。『電気鉄道』第二巻第六号（鉄道電化協会、1948年）に、「ビューゲル使用上の諸問題」と題された松浦さんの論文が残っています。

当時の広電は、トロリーポールという旧式の集電方式から、ビューゲルに切り替わっていました。架線を切ってしまう断線事故が月平均60回と頻発していたトロリーポールをビューゲルに変えたことで、断線事故は月に1・8回と激減しました。

松浦さんたち広電の技術者が取り組んだのは、単純にビューゲルに変えるだけでなく、架線と接触するスライダーと呼ばれる部分にカーボンを採用したり、架線の吊り方を改良したりして、スライダー部分との接触による動揺を防ぎ、架線の摩耗を減らして長寿命化することでした。

これにより、激しく火花を飛ばすスパークは夜間の防空上好ましくないとする軍部の要求に応えつつ、コスト削減や乗務員の負担軽減（トロリーポールは終点での転回や分岐箇所での操作で車掌泣かせでした）も行えたのです。

その頃に確立された技術は、現在も活用されています。とは言え、昭和20年当時は研究の真っ只中。「ビューゲル心棒パイプ止は、ビスは不可。溶接の方結果良し」「ビューゲル改造意見検討をなす。ビューゲルの角改造をなすこと」など、業務日誌には、ビューゲルの部材について実験や検討内容も繰り返し登場します。

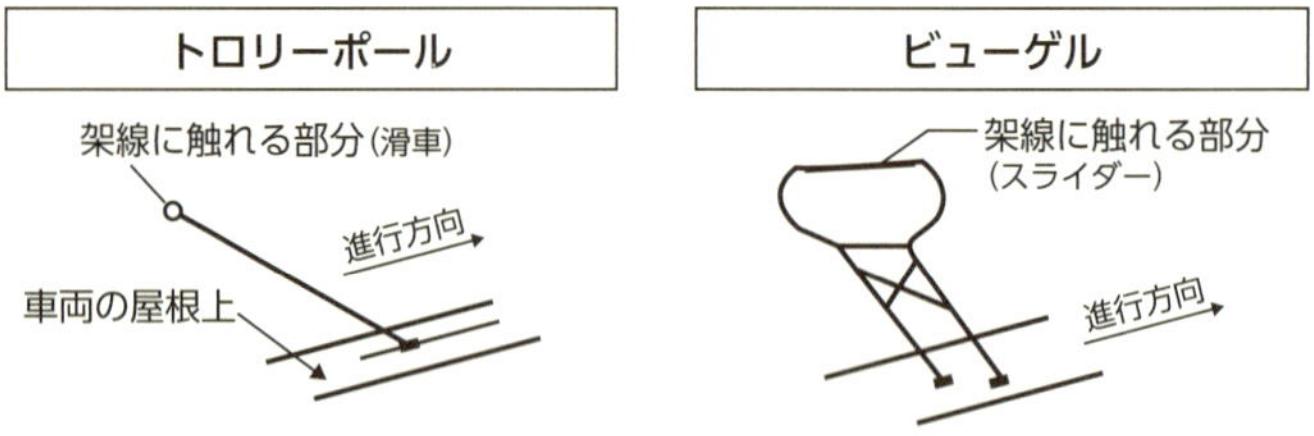

ポールの先端にある滑車を架線に接触させて集電します。終点から始点へ電車の進行方向を変えるとき、車掌が長い紐を引っ張り、手作業でトロリーポールの向きを変えていました

電車が進行方向を変えるとき、ビューゲルは電車の進行する力で自力で向きを変えていました。向きが変わる瞬間、火花が飛ぶことが防空上課題でした

図2　電車の集電装置

●被爆前の戦時色

４月17日（火）晴
今日は午後より幹部会あり。魄力《はくりょく》結集*18につき打合せあり。夕方は茶村にて幹部懇親会ありたり。なかなか盛会だった。随分御馳走が出て久し振りに舌鼓を打った

４月19日（木）雨
本夕廿日市町にて電気課懇親会を開催す。
大分メートルを上げた*19

昭和20年と聞くと、敗色濃厚の暗い時代と思われるかもしれませんが、業務日誌には酒席が何度も登場します。

転職前の元職場関係による送別会。新職場である広電では技術部幹部や変電所関係の課員とそれぞれ歓迎の懇親会。関係会社との懇親会。部長や次長宅へのお呼ばれ。お祭りなど町内会の行事……。

＊18　魄力
精神的な力

＊19　メートルを上げた
酒を飲んで酔っ払ったということ

ただ、ちょっとお腹が弱かったようで、別の宴会の翌日には「昨日から腹具合悪し。懇親会が祟ったらしい。元気なし。今日は十三日の金曜、朝から御飯は食べられず、出勤早々常務に叱られ次々と悪いことばかりで投げ出したくなる」と、ぼやいています。

なんと驚いたことに、3月13日には交通事故にも遭っています。慰労会の帰りと書かれていますので、気持ち良く歩いていたのでしょうか。荒神橋の東詰でトラックに引っ掛けられて胸を痛め、一晩入院しています。何事も、ほどほどが良いですね。

業務日誌には、配給の記述も頻繁に登場します。

物資不足で、さまざまなものの流通が国や自治体によってコントロールされていた時代。配給とは勝手に配られるものではなく、事前に配給券を購入して、それと引き換えに物品を入手する制度ですが、業務日誌に登場する配給は企業に対するもので、窓口は岡野需品課長の率いる「需品課」だったようです。

松浦さんの電気課も、需品課に要求を伝え、需品課が確保できたものから分配を受けていました。

5月3日（木） 晴
ヒマ種、配給となる。市内者10粒、市外者20粒のこととす

5月5日（土） 晴
酒の配給あり皆喜ぶ

配給品は他の日にも、洋傘・手袋・地下足袋・石鹸・ビール・清酒・番茶・漬物・タバコ・米・菜葉・牛肉・ヒマ種などが書かれています。

ヒマ種とはトウゴマの種のことで、下剤として活用されるひまし油が知られていますが、この配給は潤滑剤など工業用としての活用を目的にしたものと考えられます。

市内在住者は10粒、市外在住者には20粒と配給量が指定されており、松根油のために松を切り倒したり、トウゴマを種から栽培したりする工夫は、原材料不足を象徴しています。

業務日誌には、順調な日だけでなく、伊藤常務から叱られた話や、作業の遅れへの愚痴（ぼやき）も書かれています。

それでも戦時下の広島で、仕事と家庭に精一杯頑張っていた松浦さん。8月5日は日曜ですが出社して仕事を行い、少し早めに帰宅。

夕方は早く休む。明日は防空当番なり

そう書き終え、8月6日を迎えました。

第3章

日誌　被爆後

●犠牲のうえにある現在

1945年8月6日、人類史上初の原子爆弾が、市民の頭上で炸裂しました。核兵器です。炸裂の瞬間、強烈な閃光と熱線、そして衝撃波。生死を分けるものは何でしょうか?

爆心地に背を向けていたら?

大きな建物の陰にいたら?

地下なら助かる?

写真16　被爆時の広島を再現したジオラマ(本川小学校平和資料館地下展示)

容赦のない熱線や衝撃波。建物は崩れ、ガラスは高速で襲いかかり突き刺さります。たまたま爆心地側に大きな建物があり、ガラスも刺さらず、熱線に焼かれなかったとしても、放射線は避けられません。全く無傷で助かったはずの人が、わずか数日で内臓が破壊されて亡くなった例もあります。

生と死の分かれ目は、誰にもわかりません。運という言葉で済ませてよいのか。けれど、生死の分かれ目は運しかなさそうです。

人間は運で納得できたとしても、人間以外にとってはどうでしょうか。あの日の広島を飛んでいた鳥たち。人間と共に暮らしていた犬や猫。無数の命が理由もなく殺されました。

松浦さんの業務日誌を読み進めていくと、焼け野原となった広島で路面電車を復旧させるために、多くの人々の努力があったことがわかります。あの状況下で奇跡をやり遂げているのです。

生き残った広電社員、軍隊、中四国の鉄道関係者、民間の電気工事会社、そして学生など、さまざまな人たちが路面電車の復旧に力を尽くしています。

「入市被爆」という言葉を聞いたことはありますか？　原爆投下時には離

れた場所にいて、閃光も熱線も衝撃波の影響も受けていない健康な人が、肉親を探しに、あるいは救護復旧活動のために広島市内に入ります。8月20日までに広島市内に入った人は、入市被爆者となります。入市被爆者は、体に放射線の影響を受けていると認定されており、路面電車の復旧に従事した人のなかには、入市被爆した方もいます。

社内報『輪苑』1970年8月号に掲載された被爆体験記には、架線柱を建てるために穴を掘った人が、数日後には原爆症で亡くなり、自分で墓穴を掘ったようなものだったと記されています。

松浦さんの日誌に登場する、被爆した市内で復旧に携わった方の大半は、その後十数年でこの世を去りました。焼け野原の広島で力を尽くした方々のおかげで、今の広島があるのです。

その努力に感謝しながらも、残してくれた未来に生きる者として、なぜこのようなことになったのか、原爆や戦争はどうしても必要なことだったのか、この最悪の事態に至らないように何か他の道はなかったのか、考え続けなければなりません。犠牲になった人間を含むすべての動植物の無念を忘れてはならないのです。

●潰滅した広電

8月6日、午前8時に始まったであろう朝礼。千田町にある広電本社の中庭で、約60名の社員とともに伊藤信之常務の訓示を聞いたあとのラジオ体操が終わろうとする8時15分、原子爆弾が炸裂しました。

目も眩む凄まじい閃光と共に轟音を聞いたが、暫くの間は真暗闇となり、一瞬何も聞こえない時間がたった頃、中庭や周囲の社屋内外から飛散した屋根瓦や壁、窓枠、硝子等の破片で、

写真17　爆風で倒壊した広電本社
（1945年11月11日撮影／米国戦略爆撃調査団、提供／米国国立公文書館）

血まみれになった人々の阿鼻叫喚の悲鳴があがり、さながら生地獄の様相を呈したのでありますが、幸いに傷の浅かった人々は、自らの負傷を顧みず懸命に重症者の救護作業に当たったのであります。

（『伊藤信之追想録』１９８６年、松浦明孝さん手記「原爆直後の伊藤常務」より）

被爆の瞬間について、広電社内報『輪苑』１９７５年8月号によると、のちに広電の副社長となる石田彰さんが「爆発の瞬間は平野町の自宅の二階にいたのですが、なにがなんだかわからないが、今空中を飛んでいるなあというのを覚えています。気がついた時には隣の二階建てを飛び越えて、原っぱにつっ立っていました。隣の家もうちの家もそのまま残っているのに、私だけが三〇〜四〇メートルも飛ばされているんですね。吸い上げられて屋根を突き破って飛んで行ったんですね。しかし、痛くもなんともありませんでした。」と話し、このとき宮島線を運行していた楠井運転士は「前のコントローラーからも後ろのコントローラーからもパッと火が出た。自分の電車に爆弾が落ちたと思って、満員の乗客を溝の中に避難させました」と話しています。核爆発による電磁波でコントローラーから火が出たのかもしれません。

また、楽々園に移っていた本社では「原爆の時には、あれだけ離れた楽々園でも柱時計やハンコ入れなどが吹っ飛んで非常な爆風でした。てっきり、すぐ近くに爆弾が落ちたと思って机の下に隠れました。出勤してきた二人の女子事務員には動かないように言っておいて、ほふく前進して国道に出てみると、広島の方にきのこ雲が湧き上がってきました」という記録が残されており、衝撃の大きさがうかがえます（広電社内報『輪苑』1975年8月号）。

月曜の朝8時15分。現在の広電では朝ラッシュの真っ只中です。それは当時も変わりません。稼働可能な電車のほとんどが運行しています。不足する乗務員を補うために、女学生も運転士や車掌として乗務しています。

広島市内の各方面に路線を持つ広電には、分岐箇所がいくつもあります。的場町・八丁堀・紙屋町・十日市町・土橋・皆実町。自動化されている現在と違い、各分岐箇所にはポイントマンと呼ばれる係が常駐していました（写真18）。

写真18　十日市交差点。電車が接近するたびに、ポイントマンがバール状の転換棒を丸で囲った部分に直接差し込んで切り替えていました
（1945年10月31日撮影／米国戦略爆撃調査団、提供／米国国立公文書館）

広島駅や紙屋町には駅員もいました。電気課の架線係は、紙屋町付近で架線の工事の最中。乗客は、建物疎開作業先へ向かう学生や勤労者、親子連れなど。戦時下とはいえ、空襲警報も解除されており、それぞれが目的地に向かっていました。

私の叔母は天満町の自宅から牛田へと、歩いて向かっていました。当時、市内に住むものは電車利用を控えるようにと言い聞かされていたそうです。

その途中で、路面電車の車内に親友を見かけて手を振りあいました。

クラス委員だった叔母は、担任からその日の動員先が変更になったことを聞かされており牛田に向かっていたのですが、親友の乗る路面電車は宇品に向かう電車でした。叔母は「そっちじゃないよ」と手を振ったのですが、親友に声は届かず「先に行ってるね」と手を振り返していたそうです。それが親友を見た最後になったと悔やんでいました。

実は、当時の路面電車はそれほど速く走れません。女学生でも運転できるように、自動車のアクセルに相当するコントローラーは、8段階のうち4段階目までしか進まないようになっていました。

現代の路面電車には、デッドマン装置という物騒な呼び名の安全装置があり、万一、運転士が気を失っても自動的にブレーキがかかります。しかし当時、最新鋭だった被爆電車の650形は、圧縮空気を使ったエアーブレーキがあったものの、デッドマン装置はありません。それ以外の路面電車はエアーブレーキすらなく、手ブレーキと呼ばれる原始的な仕組みでブレーキをかけていました。

被爆直後に電車から飛び降りて振り返ったら、白い炎に包まれながら紙屋町方面に電車は走り続けていたという証言が残っています。飛び降りられるほど低速。それでも、運転士はブレーキ操作もできないほど一瞬にして倒れてしまったのでしょう。

　架線係は全滅しました。ポイントマンも亡くなりました。爆心地近くの櫓下変電所の赤煉瓦建物は倒壊し、全員即死（写真19）。変電所裏側の木造建物にいた5人は、爆風で吹き飛ばされ、宙に舞いながら真下に電柱の頭を見たあと、近くの川

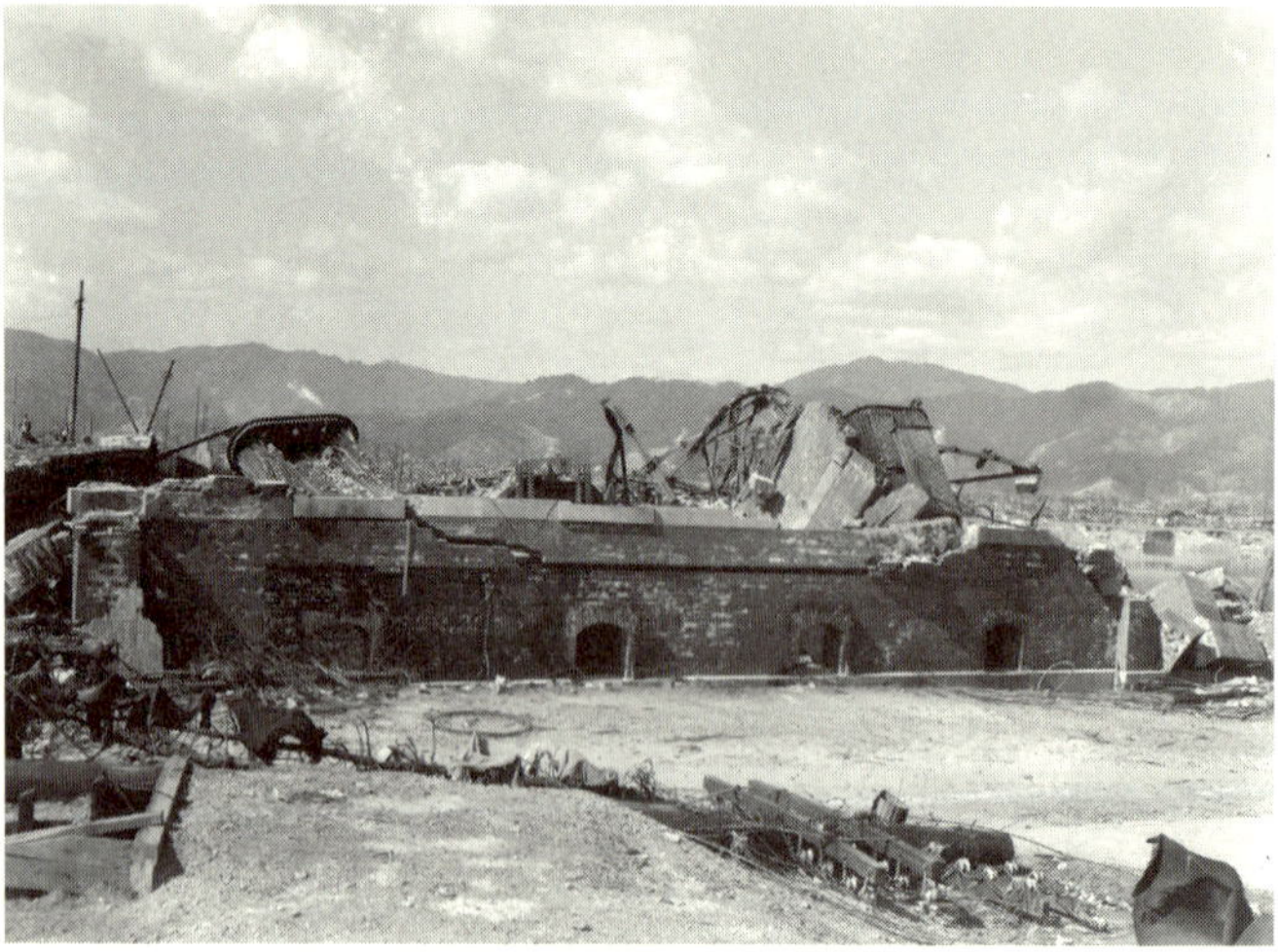

写真19　櫓下変電所。爆風により押し潰されています
（1945年10月24日撮影／米国戦略爆撃調査団、提供／米国国立公文書館）

の中に落ちました。奇跡的に全員無事だったそうです、その時は。

乗客も、満員電車の真ん中にいた人が、壁になった周囲の人によって助かった例もありますが、多くが電車内で亡くなりました。

1990（平成2）年8月6日に開催された第2回電車内被爆者のつどいで、石田彰さん（当時常務）が「爆心地から1キロメートルの中に21両の電車が走っていましたが、超満員の時間ですので、おそらく二千

写真20　倒壊した千田車庫。電車が下敷きになっています
（1945年11月11日撮影／米国戦略爆撃調査団、提供／米国国立公文書館）

人くらいは乗っておられたと思うわけですが、この中で十数名の方しか生き残っておられなかった」と話しています。木造の車体は完全に焼け落ち、金属の台車だけとなった電車の下から、女学生が使っていた車掌カバンの口金と白い骨も見つかりました。

本社の建物は大きな被害を受けたものの、火災の発生はありませんでした。千田町変電所も屋根は崩れましたが持ちこたえました（写真21）。しかし、爆風で飛び散ったガラスが整流器に突き刺さり、回路はズタズタに切れてしまったので送電不可能です。

電車は123両中、全焼22両、半焼3両、大破23両、小中破60両。もともと故障していたものが12両あったので、完全に無事な車両はたったの3

写真21　千田町変電所の屋根。屋根が壊れ、鉄骨が変形している
（1945年11月4日撮影／米国戦略爆撃調査団、提供／米国国立公文書館）

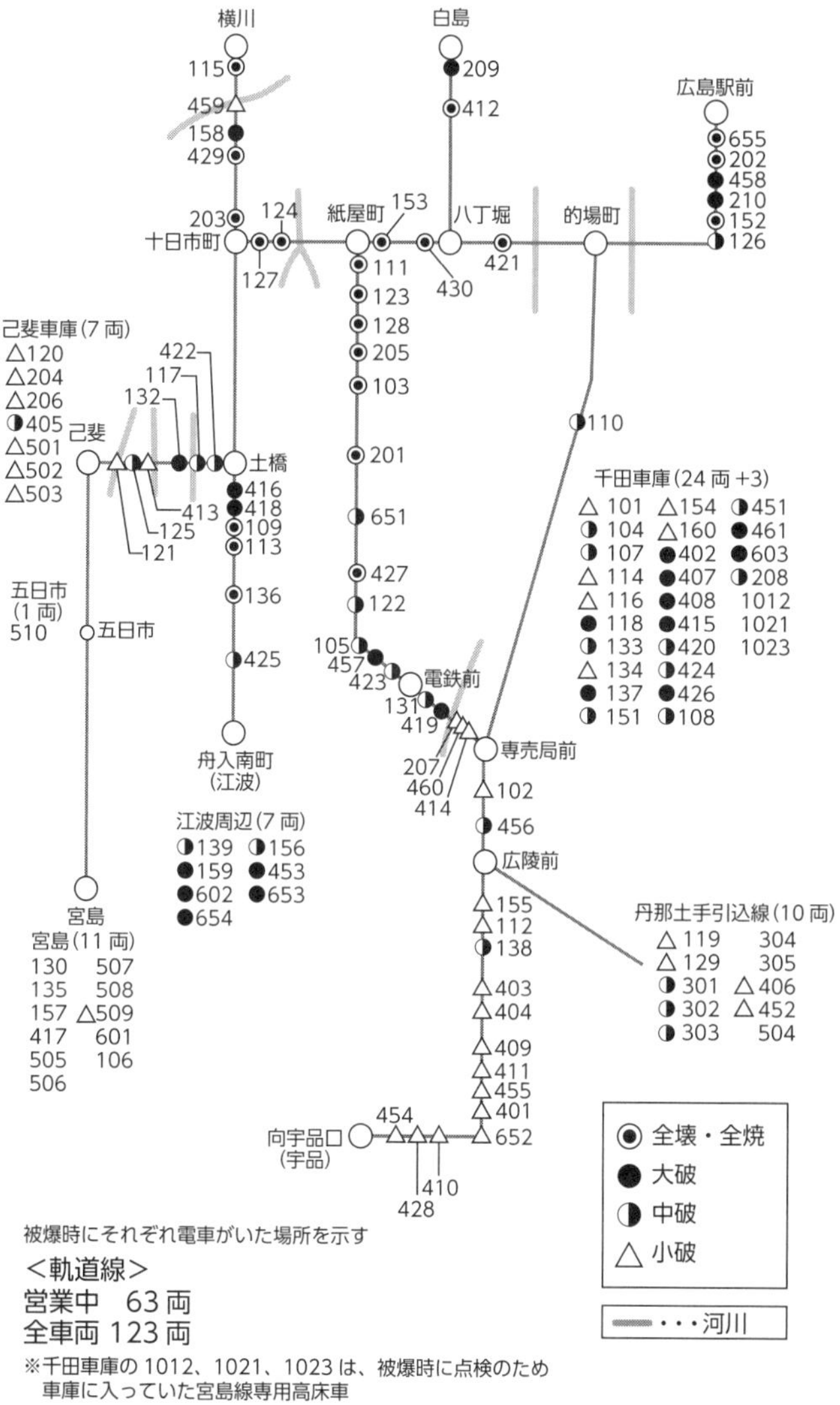

図3　原爆投下時の電車運行と損害状況（『広島電鉄開業100年・創立70年史』〈広島電鉄〉掲載地図、および『被爆電車物語』〈南々社〉掲載地図を元に作成）

両となってしまいました（図3）。

架線は熱線で焼き切れ、架線柱も燃え倒れました。つまり変電所も、送電も、車両も、そして乗務員や運行管理スタッフも失われました。

広島は川と橋の町です。路面電車の線路は路面に埋め込まれた形なので、レールは瓦礫を取り除けば使えましたが、橋は大きな被害を受けました。原爆の投下目標にもなった相生橋は、川面に反射した衝撃波により路面が隆起しました。福島川や山手川に架かる電車専用橋は、人々の避難経路になりましたが、枕木が燃えました。稲荷町電車専用橋も爆風でレールが上下左右に波打ちました。

広電は潰滅しました。徹底的に破壊されたのです。

●8月6日の業務日誌の謎

8月6日（月）晴

世紀の大異変。本日AM8時15分、世界最初の原子爆弾による大破壊が我が広島市に加えられ、すなわち一大地獄を現出したりこれは、松浦さんの個人手帳に綴られた言葉です。この日だけぐるぐると何重もの丸印がつけられ（172ページ参照）、いかに衝撃的な日だったかが伝わります。

前章でも書いたように、この年の冊子は3冊あります。8月6日から11月24日までが書かれた3冊目は、業務で使われそうな特別な書式の冊子です（図4）。

原爆が炸裂したとき、松浦さんは広電本社の屋外で朝礼の真っ最中でした。本

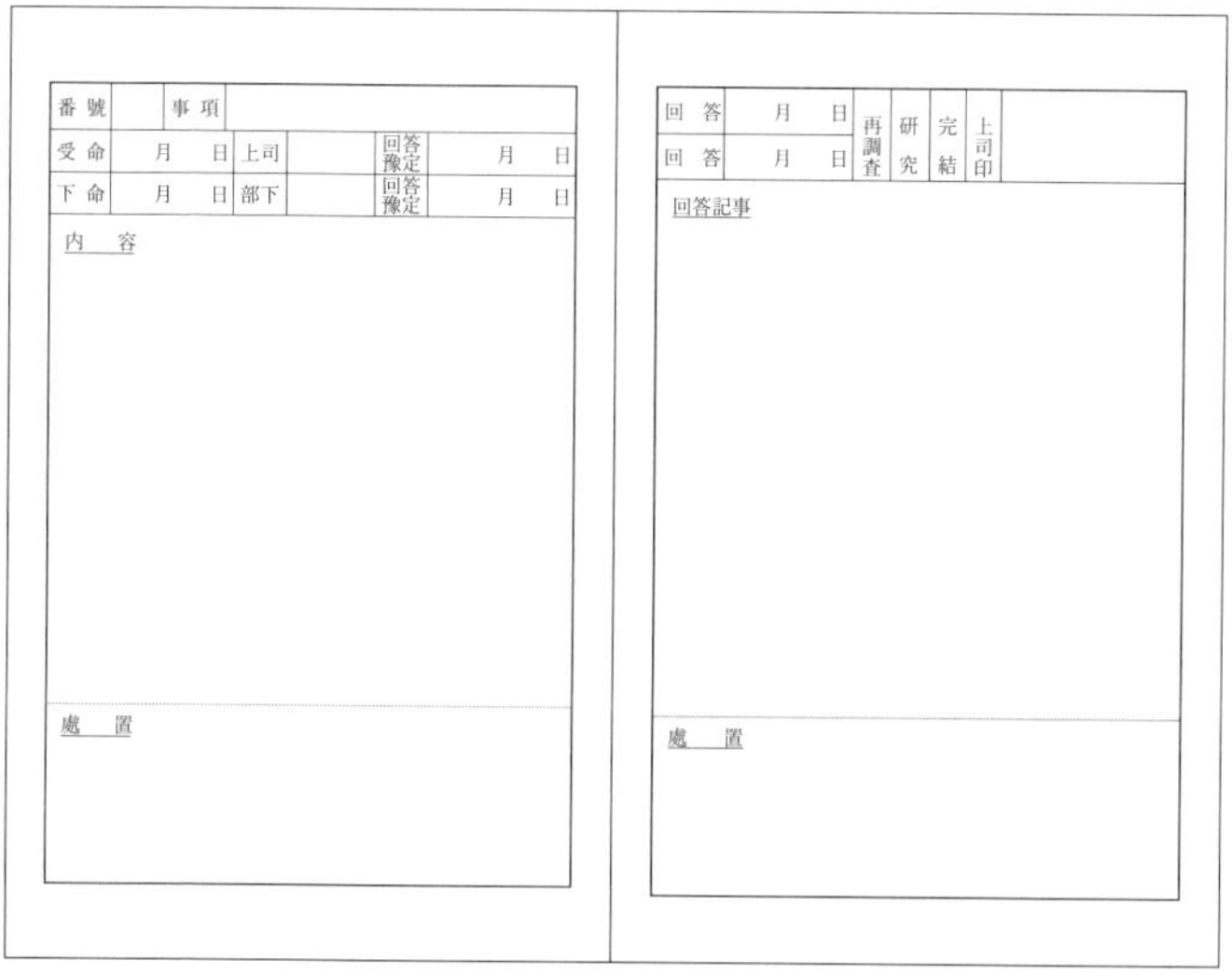

図4　3冊目の冊子、書式イメージ。上司・部下間で使う業務報告書のような書式

社の建物は激しく崩れ、一部は倒壊。潰れた建物の下敷きとなって亡くなった方もいます。多山恒次郎社長や伊藤常務も負傷し、なんとか動けるものは負傷者の救出を行いました。

近くに爆弾が落ちた？

付近の状況は？

電車はどうなった？

松浦さんは管理職として被害状況の確認を行います。きっと、いつものノートを探す余裕なんてなかったのかもしれません。

3冊目の冊子には、血が滲んでいるような跡も残っています（写真22）。とにかく記録は残しておかなければならない。手近な冊子に記録を残したのです。

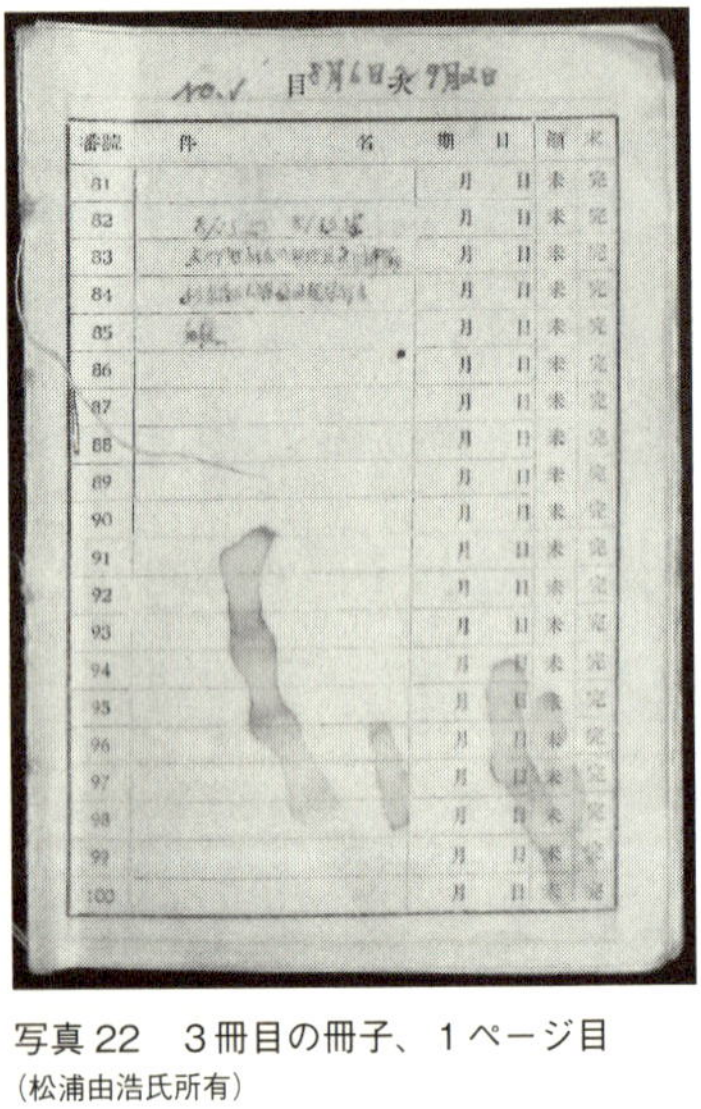

写真22　3冊目の冊子、1ページ目
（松浦由浩氏所有）

ただ、この記録は毎日その日のうちに書かれていたのか、それとも落ち着いたタイミングで、過去を振り返る形で書き記されたものなのか、記載の時期には疑問が残ります。8月6日の記述に「原子爆弾」と記されているからです。被爆当日に原子爆弾と知ることはできたのでしょうか。

一般的というか、市民は主に、原子爆弾のことを「ピカ」または「ピカドン」と表現していました。炸裂の瞬間には、目の前でフラッシュをたかれたような、目の眩むまぶしい光、すなわち「ピカ」があったからです。

第1章でも述べましたが、私は移動スーパーで働いています。お客様は、高齢を理由に免許返納などで車を手放した方々が多いです。その中には、原爆の記憶を鮮明に覚えている方もいます。そういう方に原爆を「原爆」と知ったのはいつ頃か尋ねると、答えは「何年も経ってから」とか「いつ頃かは覚えていないけど、最初はピカって言っていた」と言います。

8月6日に日本で原子爆弾と知っていた人はいたのでしょうか。

原子爆弾は日本も研究しており、開発を急いでいました。1991年に放送されたNHK証言ドキュメントのディレクター・浜野高宏氏が携わった映画「太陽の子」は、その開発の苦悩を描いています。開発を行っている研究者と完成を待ち望む軍部。どちらも原子爆弾を知っています。しかし、それは極秘扱いの情報です。

大編隊を伴った空襲ではないこと。強烈な閃光。被害範囲の大きさ。熱線で衣服は焼かれ皮膚も焼けて垂れ下がったまま逃げてきた人々。

防衛省防衛研究所史料室で閲覧できる『戦史叢書 本土防空作戦』(朝雲新聞社、1968年)に、陸軍船舶司令官である佐伯文郎中将の8月6日の回想として、「爆撃について調査研究の結果、米国は新しい型の爆弾を研究中との情報があるからそれらしいということに決定し、陸軍大臣、参謀総長に無線で報告した。その時刻は一〇〇〇過ぎであり、この調査に宇品の高井憲兵隊長も加わった」と記載されています。この時点では「新型爆弾」でした。

そして8月7日(日本時間午前1時頃)、原子爆弾の使用を伝えるトルーマン大統領の声明がラジオで流れました。声明は英語に続いて日本語でも放送され、陸軍船舶司令部でもその放送を受信。司令部の参謀のもとに情報が届けられています。

その陸軍船舶司令部に、広電の伊藤常務は、頭部に怪我をしつつも出向いていました。伊藤常務は後に広電の社長となり、1962(昭和37)年の社内報『輪苑』5月号に掲載された対談記事で「まず師団司令部に駆け込んだが人がいないので宇品の船舶司令部に行った」と話しています。

伊藤常務の来訪の時点で、「原子爆弾」と認知していた陸軍船舶司令部。情報が外部の民間人に漏れることは通常であれば考えられませんが、陸軍船舶司令部の佐伯文郎中将と伊藤常務が特別に懇意な関係だった。あるいは佐伯中将配下の誰かと懇意だった。はたまた被爆後の混乱の中で偶然に伊藤常務の耳に「どうやら原子爆弾というアメリカの新型爆弾らしい」という話が漏れ伝わった可能性。そのいずれも否定することはできません。

松浦さんは8月6日、けが人の看護や防火などに努め、午後3時ごろに状況が判明して落ち着いてきたとして、一旦自宅に帰りました。帰宅して家族の無事を確認すると、引き返して本社の警備に終夜従事し、翌7日は宮島線の復旧作業を行い、深夜には本社に戻っています。

陸軍船舶司令部から戻った伊藤常務を通して、原子爆弾という言葉が伝わったのではないでしょうか。

私は当初、3冊目の冊子は後になって書き記されたものと考えていました。民間会社の課長が、8月6日の当日に「原子爆弾」と書けるはずがないと。しかし、後から清書したにしては、業務報告書のような冊子は不似合いな気がします。

[*1]11月26日からはもともとのノート（1冊目）に再び業務日誌が記入されるようになりました。落ち着いたタイミングで書くなら最初からこのノートが相応しいし、あるいは別の新しいノートを用意してもいい。

それに、筆跡も気になります。清書したのであれば、全編を通して同じ筆記具を使うだろうし、文字の大きさや筆圧もそう変化しないでしょう。しかしこの冊子は、濃い文字のときもあれば、薄い鉛筆書きもあり、筆圧も異なります。清書されたものとは思えません。また、8月6日、7日は全面に文字がびっしりと書かれている一方、8月8日以降は箇条書きになり、書き方も変化しています。

私は、6日と7日の筆記具や筆圧、書き方から、この両日の日誌は7日の深夜か8日の早朝に記されたものと判断しました。民間人の日誌としては最も早く「原子爆弾」と記された可能性があります。

そして3冊目は、松浦さんが後になって書き記したものではなく、8月8日以降、毎日綴り、常に携帯していたものと考えます。

＊1　空白の11月25日
3冊目には、8月6日から11月24日までの日々が記されています。本来の業務日誌に合わせると、11月25日だけが欠けていることになります。1945年の11月25日は日曜日でした。ポケットサイズの個人手帳の日記を確認すると、その日は出社せずに畑仕事と自宅屋根瓦の修理をしています。出社していないから11月25日は空白なのです

●被爆直後の復旧作業① 宮島線

復旧に関する主な流れは、『広島電鉄開業100年・創立70年史』（広島電鉄、2012年）などにも書かれており、次のように知られています。

①宇品の暁部隊《あかつきぶたい》*2が倒壊した電柱の代わりに使うため、帆柱を持ってきた。
②駆けつけた東京電信隊*3が、その帆柱を建て架線を張った。
③宮島線廿日市変電所からの電気を使って、8月9日に路面電車が己斐から西天満町まで走った。被爆わずか3日後の焼け野原を路面電車が走る姿に、市民は勇気をもらった。
④その後も東京電信隊は、暁部隊とともに架線柱を立て、電線を張り、次々に路面電車を復旧していった。
⑤活躍していた軍隊も、8月15日の終戦をきっかけに撤収してしまった。

では、実際はどうだったのでしょうか。
「君はこの度の爆撃で家族に被害はなかったか」

*2 **暁部隊**
軍隊・物資などの船舶輸送を担った、陸軍船舶司令部の部隊

*3 **東京電信隊**
大阪に駐留していた、電柱を建てたりする専門部隊

「家屋の損害も軽く両親を含め七人共幸い硝子の破片で軽い怪我をした程度であり、自身は本社内庭で被爆しながら奇跡的にかすり傷一つ受けなかった幸運に感謝しています」

これは8月10日、伊藤常務と松浦さんが交わした会話です（『伊藤信之追想録』昭和61年、松浦明孝さんの手記より）。

幸い、松浦さんに目立った外傷はないようでした。

被爆直後の業務日誌を読むと、市内線の復旧は困難と判断したのか、松浦さんは宮島線の復旧に取りかかっています。

宮島線の変電所は廿日市にあったので無事でした。被爆直後は全線で不通となっていましたが、その日の14時には草津—宮島間が、爆風で切れた架線や饋電線《きでんせん》（写真23）を繋いで復旧しています。

草津—己斐間では、高須付近の架線柱が翌日まで燃え、己斐駅は倒壊。松浦さんは7日の朝から、草津—己斐間の復旧に取りかかりました。

8月7日（火）晴

夕刻5時半復旧。己斐まで試運転す。ようやく責任を果したりと日誌には書かれており、被爆翌日の夕方には全線復旧したことがわかります。

宮島線の沿線各所には救護所が設けられましたが、電車が動いたことで救護所まで辿り着き、治療を受けられた人も少なくありませんでした。

その時の宮島線は、被災者からは運賃を貰わない無償輸送を行っています。「責任を果たした」は、このことを指しているのかもしれません。

写真23　宮島線の饋電線
饋電線は変電所と繋がっており、太い電線で抵抗が少なく、数百mごとに饋電分岐しています。そのため、変電所から離れてもあまり電圧を下げないまま架線に電気を届けることができます。もし饋電線をなくし、変電所から直接架線に繋いだら、変電所から遠くなるにつれて電圧が下がり、電車が走れなくなります

●被爆直後の復旧作業② 市内線

宮島線が全線復旧した翌日の8日16時頃には、市内線の己斐―西天満町間で、運転再開に備えた試運転が行われました。爆風を受け一部の枕木が燃えた山手川と福島川に架かる電車専用橋（写真24）が、電車の運行に耐えられるのかを確かめるための試運転です。

焼け野原となり、さまざまな施設が大きく破壊された広島で、被爆のわずか2日後にしてこぎつけた試運転。

翌9日の運行再開（被爆3日後の復旧）は、焼跡に走る電車から復興への勇気をもらったとして、のちに書籍化やドラマ化もされました。

実際に、多くの方々の心に残る出来事でした。

そのときの担当運転士である山崎政雄さんや、女学生運転士として担当した雨田豊子さんの証言は、当時を知る貴重な証言として記録に残されています。

すでに復旧していた宮島線同様、被災者から運賃をもらうことのない運行でした。

己斐―西天満町間を動かすための電気は、全壊した櫓下変電所の代わりに、宮島線用の廿日市変電所から送電されていました。

業務日誌には宮島線が全線復旧した7日の夕刻、「廿日市変電所に至り補助整流器の故障と運転状況を調査し、最終電車にて己斐まで帰る」と記されており、電気課長として廿日市変電所で送電の調整をしていたことがわかります。

写真24　福島川電車専用橋
（1945年11月7日撮影／米国戦略爆撃調査団、提供／米国国立公文書館）

その一方、いわゆる被爆3日後の復旧には、松浦さんは関わっていません。8日の業務日誌には「本日は本部連絡のため残留す。市内線は己斐―西天満間復旧す。PM4時頃」と簡潔に書かれているだけで、松浦さんは千田町の本社から動いていないのです。

本日櫓下被害状況を聴取すべく小早君を訪問せるもすでに帰宅せられたる

これも8日の業務日誌です。被爆直後の3日間、松浦さんは宮島線の復旧と並行して、電車に関わる施設や社員の被害調査を行っていました。「小早君」と書かれていますが、これは小早川氏のことと思われます。小早川氏は、櫓下変電所に接する木造の建物にいて、吹き飛ばされたものの全員無事だった5人の中の一人でした。

彼はこの日出社し、「全然痛くなかった、大丈夫だ」と話しており、松浦さんは彼に被爆時の様子を尋ねに行ったようです。しかし、行き違いがあったのか小早川氏はすでに帰宅していました。

なお、帰宅した小早川氏は「もう治るから、また一杯飲もう」と知人に

8月6日	8:15	広島電鉄本社に出社し朝礼に参加中、世界初の原子爆弾炸裂
	8:15 ↓ 15:00	本社内にて社長救出、けが人の看護と防火を行う
	15:00	徒歩にて広島市郊外の自宅に戻り、家族の安否を確認
	20:00	広電本社へ徒歩で戻り、そのまま一晩中、伊藤常務と本社の警備を行う
8月7日	8:00	早朝より宮島線の草津－己斐間の復旧作業
	17:30	宮島線復旧
	19:00	廿日市へ移動して、廿日市国民学校で患者収容状況を調査
	20:00	廿日市変電所にて補助整流器の故障の確認と運転状況を調査
	21:00	宮島線上り最終電車で己斐に移動
	24:00	己斐から徒歩（約 4.2km）で広電本社へ戻る
	26:00	郊外の自宅へ徒歩（約 6.5km） で帰宅
8月8日	8:30 ↓ 18:00	出社後は終日本社から移動せず
	19:00	帰宅
8月9日	8:30	出社後一人で蓄電池室の片付け
	12:00	櫓下変電所構内の瓦礫撤去作業を軍隊とともに行う
	17:00	戦災処理委員会に出席
	20:00	福原部長に同行し帰宅

表　8月6日以降の松浦さんの行動（日誌に基づいて作成）

話した8月10日からわずか3日後、全身が真っ赤になって亡くなりました。

小早川氏と一緒に吹き飛ばされた他の4人も、6日の夕方には千田町の本社に戻っていました。元気に戻ってきたと思ったら一人、翌日にもまた一人と息を引き取っていきます。爆風で吹き飛ばされながらも幸運なことに無傷だった5人は、全員亡くなりました。これが放射線の怖さです。

●軍の支援と変電所の復旧

長崎に原爆が投下された9日、広島市内の火災はほとんど消えていました。燃えるものがなくなったのです。

軍都である広島を復興させるために、まずは道路の確保が必要です。軍は重機や「戦車」を使って道路上の瓦礫を取り除き、電車の残骸も道路の端に押し出しました。

当時、江波の消防士だった方が残した記録によると、ポンプ車で出動したけれど、道路は垂れ下がった電線や倒壊した建物で通れなかったそうです。しかし、翌7日には別の部隊がポンプ車で来たことから、どうやって通ったのか尋ねたところ、「昨夜のうちに軍隊が出て、道はきれいに整理しちょるでえ、何でも、大国部隊の兵隊が整理したんじゃげな」と話したとあります（『原爆広島消防史』広島市消防局原爆広島消防史編集委員会、1975年、447ページ）。

『広島県戦災史』によると、「大国部隊」は陸軍231師団で、山口県内に駐留していました。たまたま、その中のいくつかの部隊が広島に来ていたようで、当日から救援や道路の整理などで活動してくれていたことがわかります。大国部隊の本隊もすぐに救援に駆けつけており、路面電車の復旧に協力していたことが、松浦さんの業務日誌にも残されています。


余談ですが、被爆後の復旧の過程を記述したいくつかの資料に、道路上の瓦礫や路面電車を「戦車」を使って路肩に寄せ、道路の確保を行ったとの記載があります。被爆後のかなり早い段階で戦車が来れるのでしょうか？文字としては残っているものの、いくら調べても写真や証言には出会えていません。

「戦車」と言っても、さまざまな種類があるでしょうし、大型の装甲車のようなものだったのかもしれません。しかし、無理やり路肩に電車を押しのけた場合は、車体も大きく歪むのではないでしょうか？

NHKのあの証言ドキュメントの中で、被爆し大破している電車にワイヤーをかけて線路に乗せ、修理のために車庫まで一人で引っ張って戻したという証言が残されています。一般的な鉄道なら脱線してしまうと簡単には動かせませんが、路面電車が脱線した場合、敷石や舗装に乗ってしまうだけで車輪がめり込むことはないので、人力で動かすことは可能です。

瓦礫を取り除くよう道路の啓開を指示された若くたくましい兵隊なら、「戦車」を使わずとも難なく路面電車を路肩に移動させることができたと私は考えています。

8月9日の午後5時から、陸軍船舶司令部の佐伯中将のもと、全焼した広島市役所で「戦災処理委員会」が開かれました。広島を復興するための会議です。被爆で負傷した多山社長に代わり、自らも頭部を負傷し包帯をしたままの伊藤常務が出席。そのお伴として松浦さんも同席しました。

そこで、佐伯中将は路面電車の復旧を急ぐように命じたようです。

その頃の多山社長と伊藤常務の会話が残されています。

〝瓦礫の街〟に電車を走らせることができるだろうか。〝死の町〟に電車を走らせても乗る人があるだろうか……。しかし、ともかく走らそう。たとえ乗客がなくとも、廃墟の中に活気を呼び起こすだけでもよいじゃないか……。

（井上洋一『広島財界今昔物語』政治経済セミナー社、1967年）

戦災処理委員会の次の日から、松浦さんは伊藤常務とともに泊まり込みで、路面電車の復旧に取り組むことになりました。しかし、泊まり込みと言っても本社は崩れ、周辺は焼け野原です。車庫にいた電車が宿舎として使われました。

路面電車を復旧するために必要なもの、それはまず電気。そして電気を送る饋電線や架線。そして架線柱も建てなければなりません。電車は被害の少なかった車両や、疎開していた古い電車を使います。

櫓下変電所を失って、千田町変電所も大破。頼みの綱は廿日市変電所だけですが、廿日市は遠すぎるため電気の損失も大きく、宮島線の運行も支えています。電車が生き返るためには、千田町変電所の復活が絶対条件です。

その千田町変電所は、路面電車が開業した1912（大正元）年に建てられたイギリス積みのレンガ建築です。当初は変電所ではなく、発電所でした。石炭火力発電所です。現在は埋め立てられて道路となっていますが、平田屋川がすぐそばを流れており、石炭は船で運ばれていました。

現在は赤煉瓦の建物と北側の壁が白く塗られた建物が並んでいますが、被爆当時は2棟とも赤煉瓦で、現在の赤煉瓦建物のほうにかつてボイラーがありました。燃えたあとの石炭カスを運び出すため、半地下構造だったころの搬出口を示すアーチ状の形跡も残っています。

現在北側の壁が白く塗られている建物が変電所です。その屋根は、爆風で大きく崩れ落ちていましたが、戦災処理委員会の翌日には、早くも軍隊がやって来ました。「暁部隊」と呼ばれる陸軍船舶司令部の部隊です。

30名ほどの兵隊は、テキパキと変電所の屋根にテントを張り、変電所内では機器に覆い被さった瓦礫を取り除きました。電気課の生き残りで、後に副社長となる石田彰さんも回路に突き刺さったガラスを抜き、わずかに残った部材を使って変電所の復旧に努めます。

当時のことを石田さんは「結局一週間ほどほとんど水ばかりで、変電所に籠城《ろうじょう》して復旧作業したが、とうとう松浦電気課長に『私ら死にますわい』と言って、帽子いっぱいの麦をもらって、やっと命を繋いだ」と語っています。

その努力によって変電所の修理が完了しても、中国配電（電力会社）からの送電がなければ意味がありません。もともと発電所だったとはいえ、千田町変電所の発電設備はすでに撤去されていたからです。

当時、中国配電の変電所は宇品神田にありました（写真25、26）。被爆前は電話一本で送電を依頼できていましたが、その電話線も寸断状態。石田さんは、疲れ切った体で宇品神田の変電所まで歩いて送電を依頼。千田町変電所へ戻り、送電を確認します。

松浦さんの8月16日の業務日誌には「中配より千田町まで送電。本日午後4時頃完了。受電盤まで送電済（今夜より変電所に電灯点灯せり）」とあります。

そして翌17日「廿日市より中村、今中、佐伯君来援。工場課よりも大田

写真 25　中国配電南部変電所
（1945 年 11 月 11 日撮影／米国戦略爆撃調査団、提供／米国国立公文書館）

写真 26　現在の旧中国配電、
宇品神田変電所の電柱

君ほか2名応援し整備の結果午後４時50分、復旧試送電をなし異状なく車両１両を電鉄前より専売局まで試運転す」と書かれています。

つまり、被爆から10日ほどで、千田町変電所は生き返りました。

●架線関係の復旧

松浦さんは、変電所の復旧を進める一方で、架線関係の復旧にも取り組みました。

『広島電鉄開業１００年・創立70年史』（広島電鉄）によると、３９３本の架線柱が倒壊。被爆前に疎開させておいた資材では全く足りませんでしたが、８月９日の戦災処理委員会で、海田市にある需品廠《じゅひんしょう》に保管されている帆柱用の材木を使う許可は軍が認めてくれていました。

とは言え、すべてが順調に進んだわけではないようで、８月11日の日誌には「運転手、兵隊さん、需品廠と三方へ気を使い閉口せり」と愚痴もこぼしています。被爆からまだ5日目なのに愚痴を書けるのは、それだけ復旧作業に集中しているということではないでしょうか。

そして、早くも8月17日の業務日誌には「本日電柱運搬、全部終了す（計300本）」と書かれています。

この頃、死亡した電気課課員や女子挺身隊の遺族が、遺品や弔慰金の受け取りに来社していました。松浦さんの個人手帳には「課員死亡者遺族との折衝は甚だ苦手なり。誠に御気毒なことだ」とあります。

原爆による生死の分かれ目は、運でしかありません。しかし、亡くなった方々、特に女子挺身隊の少女たちのことを思えば、松浦さんにとって自分が生き残れた安堵はなかったのかもしれません。

なお、千田車庫の入り口近くに、広電が建てた慰霊碑があります（12ページ、写真5）。その碑文には「この碑は会社創立以来の殉職者と原爆により死没された当社役職員、家政女学校職員生徒、女子挺身隊員、動員学徒の方々のご冥福を祈念して建立したものである」と刻まれており、毎年8月6日には慰霊祭が行われています。

電柱、つまり架線柱が建てば、次は電線です。変電所から架線に電気を届ける饋電線と、架線。そして架線を吊るためのスパン線と呼ばれるワイヤー（写真27）。

被爆直後の広島に、電線やワイヤーはあるのでしょうか。そして誰がそれを架線柱に張っていくのでしょうか。専門職である電気課の架線係は、被爆時に紙屋町で作業を行っていたため全滅しています。

活躍したのは、電気工事のプロ集団である満長組です。被爆前に丹那土手引込線工事も請け負っていた満長組は、現在の株式会社サンテックです。

サンテックが山陽電気工

写真27　市内線のスパン線
路面電車なので、道の真ん中に電柱を建てられないため、歩道に建てた架線柱から「スパン線」と呼ばれるワイヤーで架線を支えています

事株式会社だった頃の『山陽電気工事株式会社三十年史』（山陽電気工事、1978年）によると、当時の満長組は関門海峡に電線を渡らせる関門幹線の工事に従事しており、被爆時は広島を離れていました。焼け野原と変わった広島で「わしらの手で、この広島を復興させよう」と誓った社長の言葉が残されています。

その三十年史には「空襲を予想して貯え、分散して疎開しておいた碍子やテープ、電気工事用具が、被爆の翌日からすぐに役に立った」とあり、「電気工はあまりの忙しさに、電柱を降りて昼食の弁当をとる暇がなく、電柱に吊るさがった*4たまま宙で飯を食べた」と書かれています。広島市内に電気を届ける工事を行った満長組は、復興へ大きく貢献しました。

一方、満長組が疎開させておいた資材は、路面電車ではなく市内の電力復旧に使われたので、架線や饋電線など電車に電気を届けるために必要な電線は集めることから始めなければなりません。彼らは広電の社員と力を合わせて、電線の回収を行いました。

電線の回収とは、爆風で切れてくもの巣状に散らばっている電線をかき集めることです。集めた電線を繋ぎ合わせ、饋電線やスパン線として架線

*4 「吊るさがった」は原文ママ

柱に結びつけます。電線も強烈な熱線で溶け切れており、強度も状態もまちまちで、せっかく繋いでもすぐに切れてしまうものもありました。

トロリー線は殆《ほとん》ど取替の在庫は無く、つぎはぎ架空はしたものの、一度電車が通ればスパークして切れた。６００Ｖ送電しても途中で外へ流れて立往生という有様であった。

（広電社内報『輪苑』１９５４年８月号４ページ）

この記述にもある通り、架線は切れやすいうえに、饋電線からの漏電も発生します。それでも集めては整え、集めては整えを繰り返し、少しずつ電線の復旧をめざしました。

●各地鉄道からの応援

8月18日には呉市交通局と尾道鉄道、9月11日からは鉄道局神辺電力区、11月6日に高松琴平電気鉄道、11月26日は伊予鉄道、翌27日からは琴平参宮電鉄、12月1日から鉄道局下関電力区と、各地から応援がやって来ました。鉄道局の古市橋電力区は、架線工事に必要な工具を提供してくれました。

私が松浦さんの業務日誌に出会うきっかけとなった、高知からの応援に関する記述は、何度日誌を読み返しても見つかりませんでした。しかし、各地の鉄道からの応援は確実にあったようです。

この応援の共通点は、電化です。当時の鉄道省の管轄は、蒸気機関車が主役の非電化路線ばかりでした。山陽本線や呉線も電化されていません。しかし、応援に来た私鉄は電車を走らせていたので、架線の工事には慣れています。

また可部線や福塩線は、私鉄だった頃に電化されており、鉄道省神辺電力区や古市橋電力区は、その電化区間を担当していた部署です。

同様に、下関電力区も電気のプロ。長大な海底トンネルによって蒸気機関車を走らせることができないため、開通当初から電化されていた関門トンネルを担当していました。

つまり、広島周辺の電化路線から、架線の熟練工が集まってきたのです。電線と架線は、吊り方が大きく異なります。架線はできるだけ水平に張らなければならないのに加え、架線柱から支えるワイヤー（スパン線）との接続部や、架線そのものの繋ぎ目には特殊な加工が必要です。ビューゲルの最上部、スライダーと呼ばれる部分が架線と擦り合いながら通電するからです。

もし、架線の繋ぎ目やスパン線との接続部に段差や金具の飛び出しがあれば、ビューゲルは大きく弾かれます。ビューゲル故障の原因にもなりますが、それ以上に、架線の切断、つまり断線事故につながってしまいます。断線事故が発生すると、不通は長時間となります。そのため、架線工事には熟練した専門技術が必要なのですが、広電の架線係は爆心地で作業しており、原爆で全滅。各地から断続的に駆けつけてくれた架線の熟練工は、満長組の下請けと思われる「平沼組」とともに、架線工事に必要不可欠な存在でした（平沼組については後述）。

そのほかにも、東洋工業から工員が応援に駆けつけ、三菱重工からは架線材料が届いています。

一方、松浦さんも頼りにしていた軍の支援部隊である「電気中隊」は、終戦後も引き続き架線柱や電線の工事を行っていましたが、復員のために引き揚げることになりました。

被爆直後から派遣され支援してくれた暁部隊、その暁部隊とともに道路の啓開や瓦礫の撤去を行っていた大国部隊の兵隊も、同じころ復員のために引き揚げていきます。

これまで一般的には、終戦の日とともに軍は引き揚げたと思われていました。しかし業務日誌によると、電気中隊は8月21日、大国部隊や暁部隊は8月末まで復旧活動を継続していたようです。

●知られざる貢献——平沼組

松浦電気課長の業務日誌を読むと、被爆直後の路面電車の復旧に「平沼組」が大きく貢献していたことがわかります。軍の支援部隊である電気中隊が、終戦後、復員のために引き揚げることになったとき、平沼組は電気中隊と入れ替わるようにやって来ました。

松浦さんの個人手帳の日記には、8月20日に「今日電気中隊遂に引き上げ、工事一頓挫す。不意打で面喰った」と書かれていますが、8月22日には、「これにて工事の見通しも付くこととなる」とあり、平沼組の登場は絶妙なタイミングで、路面電車復旧の重要なポイントだったことがわかります。

8月21日（火）晴
満長組へ交渉しさらに電工１組応援方依頼す

8月22日（水）晴
本日朝平沼来社。電工２名引率し泊り込みにて工事なす旨申込あり。伊藤常務の了解の下に電車１０１号を宿舎とし、米は配給米を立替し、大豆１人当たり３合を支給することとす。
満長組よりさらに伊山電工１名来社。明後日当たりより出社方打合す

8月23日（木）晴
本日夜より満長組電工平沼、吉永、金永、および伊山、車庫内１０１号車宿泊す。ほかに明日より平川加入の予定なり

これらの日誌の記載から、8月21日に満長組に電気工を1組追加を求め、それに応じる形で最終的には6名（平沼・吉永・金永・伊山・平川・平川三郎）がやって来たことがわかります。彼らは8月23日から10月31日まで、広電千田車庫内の電車に寝泊まりし、復旧作業に従事しました。

8月30日（木）降雨
本日平沼ほか5名と山下君に金鵄[*5]8ヶ、刻み煙草100瓦[*6]配給ありたり。分配す

9月3日（月）雨
本日降雨のため工事進捗せず。平沼組のみ活躍す

9月7日（金）
平沼組は本日相生橋連絡工事をなし、午後3時よりスパン張りをなし頑張りたり。

＊5　**金鵄**
タバコの銘柄「ゴールデンバット」のこと

＊6　**瓦**
重さの単位「グラム」のこと

夜酒の特配あり。平沼は常務の処にて招待を受けたり

９月20日（木）晴
平沼組は午前中鷹野橋―紙屋町間、池本君指揮し補修工事。
午後は天満川渡船場メッセンヂャー張り

10月４日（木）曇
平沼組午前中天満川「ロープ」張替作業。午後駅前スパン準備

天満川「メッセンヂャー」や「ロープ」は、９月17日の枕崎台風で流失した天満橋鉄橋[*7]の代わりに、対岸への移動のために用意された渡し船で使用されたものです。電柱を建て、架線やスパン線を張り、渡し船で連絡するためのワイヤーも張りました。

10月５日から30日までも、平沼組はさまざまな作業を行っています。満長組の下請けとして、各種電気工事を担当する貴重なチーム。それが平沼組です。

＊７　**天満橋鉄橋**
天満川電車専用橋ともいいます。鉄橋とは鉄などの鋼材でできた橋であるとともに、鉄道橋という意味もあります。当時の広電の橋は、後者の意味での鉄橋でした。広電の資料にも「鉄橋」という言葉と「電車専用橋」という言葉が混在しています

10月31日（水）晴
平沼組の精算を済したり。
本日にて平沼組退散＝電車内にて送別会を開く。酒5合特配を受く。
（料理、馬鈴薯、芋葱甘煮、スルメ、蜜柑）

11月1日（木）晴
平沼組帰鮮につき工具整理をなす。本日全部引上げをなす。
蒲団8枚、蚊帳一張、畳4枚返戻す。米3升を支給す。転出証明を発行す

11月2日（金）晴
午後満長組に行き平沼組の精算を済す

平沼組はタバコや食料の配給を受け、後に広電社長となる伊藤常務の家に招かれ、最後には物資の乏しいなか送別会まで開かれています。
朝鮮半島出身者は鮮人と呼ばれ、差別的な扱いを受けていたことは知られていますが、11月1日の日記に「帰鮮」や「転出証明を発行す」と書か

れていることから、平沼組は在日朝鮮人労働者であったものと思われます（写真28）。

当時日本には、若者が兵隊に取られたことによる人手不足を補うため、強制的に朝鮮半島から連れてこられた労働者（強制連行）がいました。

こうした労働者に対し、それよりもずっと前から日本に仕事を求め、移住してきた労働者がいました。彼らは日本で働きながら、技術を身につけ、家庭を築き、子どもにも教育を受けさせ、日本名を名乗り生活していました。

平沼組とされる方たちも、強制連行ではなく日本人として暮らしていた労働者と思われます。

ちなみに、満長組から山陽電気工事株式会社を経て、現在は株式会社サンテックとなった会社の広報部に問い合わせたところ、平沼

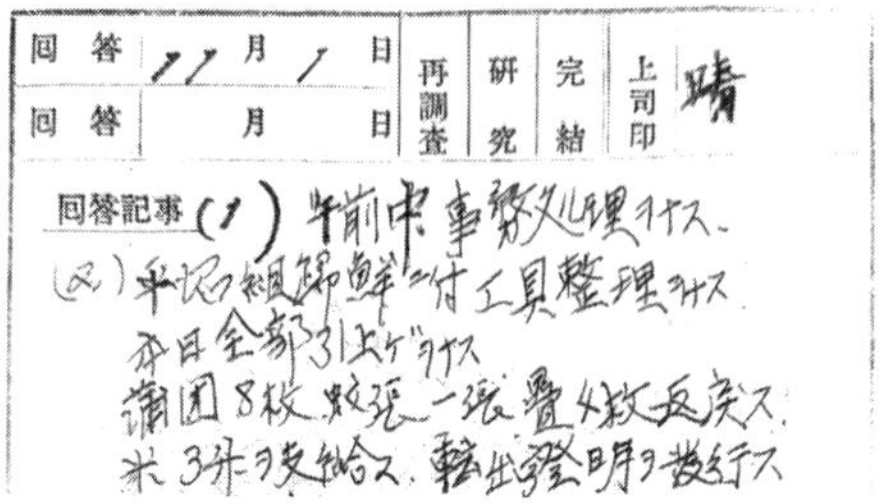

回答 11月1日
回答 月 日
再調査 研究 完結 上司印

回答記事（1）午前中事務処理ヲナス。
（2）平沼組帰鮮ニ付工具整理ヲナス
本日全部引上ゲヲナス
蒲団8枚 蚊帳一張 畳4枚返戻ス。
米3升ヲ支給ス。転出証明ヲ発行ス

写真28　業務日誌。2行目に「帰鮮」の文字

組についての資料は何も残されていないとのことでした。

　路面電車の復旧に大きく貢献した平沼組は、日本を離れて母国に帰りました。平沼組が広島を去った1945（昭和20）年11月頃、日本による支配が終わり、母国が独立したとはいえ、朝鮮半島出身者の帰国が急増したのは、何か帰国を奨励するような制度があったからなのでしょうか。

　気になった私は、広島市中央図書館の広島資料室にお願いして、当時の帰国施策などを調べてもらいました。そしてわかった当時のことは、胸の詰まるような重くて悲しい現実でした。

　確かに母国への帰国熱が高まっており、戦争末期に工場で働かせるために強制連行された労働者を、責任を持って帰国させるようにと国は企業に指示していました。しかし、それ以前から日本に移住し、日本で生活していた朝鮮半島出身者には、帰国に対する施策が取られませんでした。

　次第に「敗戦の腹いせとして日本人に襲われる」との噂が広まり、母国が独立した喜びではなく、危ない日本を離れなければならないと、帰国を選択する人が増えてきました。

　日本への引揚船の帰りの便に、帰国を望む人々が殺到するようになります。それでも、簡単に乗船できるわけではありません。持ち帰る荷物や現金も制限されました。

博多や下関、そして仙崎などで乗船できる船を待ちますが、その間も生活費が必要です。待ちきれずに、闇船と呼ばれる漁船で海を渡る人も出てきました。平沼組もこうした状況のときに母国へと帰ったと思われます。

舞鶴で機雷に触れて沈没した浮島丸と同じように、機雷に触れた船や、悪天候で遭難した船もありました。

なんとか無事に海を渡れたとしても、当時の朝鮮半島ではコレラが流行しており、米の不作も重なって大不況。

長い日本生活で言葉も通じにくくなっており、日本への移住に際し、すべてを処分し母国を捨てたものとして、戻るべき故郷もありません。原爆症に対する偏見の中で、差別的な扱いを受けた人も多いそうです。

せっかく帰国したのに、日本に戻ってくる人まで現れました。

私は平沼組のその後を知りたくて、在日本大韓民国民団と在日朝鮮人総聯合会の広島県本部にそれぞれ問い合わせました。どちらの組織も、広島の路面電車の復旧に力を尽くした在日朝鮮人について調べていることを伝えると、さまざまな手を尽くして調査してくれました。しかし、平沼組のその後については、何[*8]も掴めませんでした。

無事に帰国できたのでしょうか。また、帰国できていたとしても、困難な道を進んだかもしれません。

まだまだ復旧の途上だった広島には、彼らが必要でした。きっと、彼らもそれをわかっていたことでしょう。それでも帰国を選んだのは、祖国への思いが上回ったからであり、祖国の復興にも力を尽くしたかったからではないでしょうか。

断定はできませんが、「写真29」は平沼組の可能性のある写真です。防衛省防衛研究所に確認したところ、この写真に写っている人たちが着ている服や帽子は軍服ではないそうです。また、同じような服と帽子の人が、枕崎台風で落橋した天満橋鉄橋の渡し船上に立っている写真もあります（写真30）。その両方に登場する可能性は、広電の労働者か平沼組なので、可能性というぼかした表現にしました。

日本と朝鮮半島との悲しい歴史のなかで翻弄された人々のことは決して忘れてはいけません。

＊8　情報のない「平沼組」
一般的に土木建築業の会社には○○組という名称をよく目にします。業務日誌のなかでも松浦さんは、高松琴平電気鉄道からの救援を「高松組」、鉄道局からの救援を「鉄道組」などと表記しており、満長組の平沼班も便宜上「平沼組」と書いていただけの可能性があります。「平沼組」の情報が日誌のほかに掴めなかった点からも、平沼組が自分たちのことを「平沼組」と名乗っていたかも不明ですが、本書では松浦さんに従い、「平沼組」としてアプローチを行いました

写真29　平沼組か？
1945年9月、八丁堀で路面電車の線路に枕木のような資材を乗せて運んでいる様子
（提供：毎日新聞社）

写真30　落橋した天満橋鉄橋を背に船上に立つ人物（左手前）
（1945年10月23日撮影／米国戦略爆撃調査団、提供／米国国立公文書館）

それと同時に、原爆の焼け野原のなかで全力を尽くしてくれた平沼組と、差別的な対応をしなかった広電の技術者たち。

ともに路面電車の復旧という目標に向かって取り組んだから、あの悲惨な状況下でも早い復旧ができたのです。

この事実も、もっと多くの人々に知られるべきなのです。

●終戦以降

終戦の日、業務日誌に松浦さんはこう綴っています。

8月15日（水）晴
本日停戦協定に関し発表あり全員意気消沈。仕事は中止状態となる

玉音放送を聞いたのでしょう、全員意気消沈とあります。

なお、個人的な日記のほうには
「何だか予期したものが遂に来たとの感あり。結局これで一段落と内心人知れず安心した」と書かれ、翌16日の日記にも、

「停戦協定もいよいよ確実となり、これで空襲の懸念もなく安心して仕事に徹することが可能となった」とあります。終戦を知った松浦さんの心の内は安堵だったようです。

しかし、似島の救護所で全身にやけどやガラスが突き刺さった状態で生死の境にあった被爆者は、終戦の知らせを聞いて「もう空襲の心配がない」

と喜ぶ人はなく、「自分たちがこんなひどい目にあわされたのに、誰も仇を討ってくれないのか」と悔しさを叫んでいたそうです。

終戦の日も復旧作業は中断することなく続けられました。実際に作業をしていた方が、当時のことを次のように振り返っています。

8月15日私は小網町鉄橋東側にある折れた鉄柱のうえで終戦を知りました。9時ごろから低空飛行のB29が飛んでも、警報発令もなく不審に思いながら作業していました。

（『広島の路面電車65年』広島電鉄、1977年、169ページ）

現代とは違って身近に存在していたはずの死が、終戦とともに遠ざかりました。けれども、生き残ったという安堵ではなく、「この先どうなるのだろうか」という不安のほうが大きかったのではないでしょうか。混沌とした不安に包まれる中で、目の前にある役割に集中することが心の支えになったのかもしれません。

同日、意気消沈と書かれた業務日誌の欄には、「小網町まで西天満より

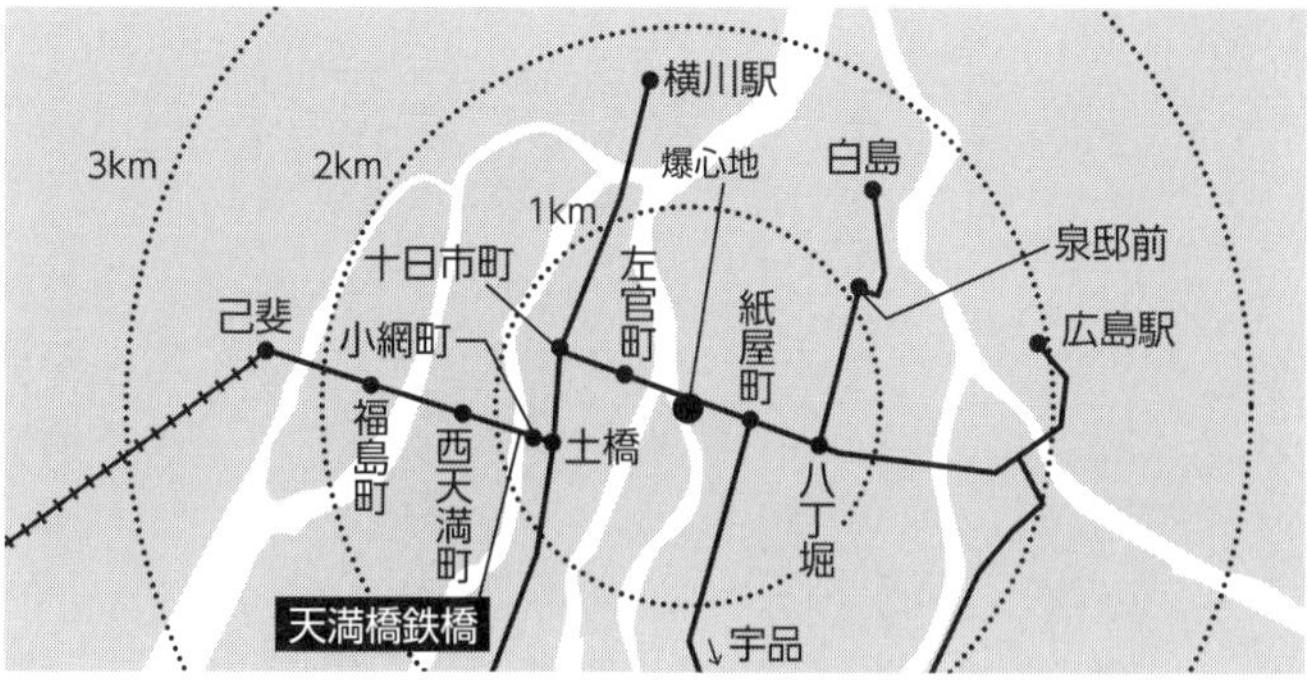

図５　市内路線図

の復旧は正午過ぎに連絡つきたり」と書かれています。西天満町から天満橋鉄橋を渡り、小網町まで復旧しました。

さらに8月18日朝には「線路故障でブレーカー飛び、正式送電は正午過ぎになった」と記述があり、作業はお昼以降になったようですが、宇品―広電本社前間が復旧しました。

小網町まで復旧した本線は、土橋（18日）、十日市町（21日）、左官町（23日）と徐々に線路を伸ばし、9月7日には己斐―八丁堀間が復旧。そして、9月12日には紙屋町から宇品までの間に残されていた不通区間も復旧しました。

しかし、順調に復旧している矢先の

9月17日、枕崎台風が広島を襲います。被爆からわずか42日後の枕崎台風は、広島県で二千人を超える死者を出した大災害です。

9月18日（火）晴・曇・○[9]キタリ
市内浸水諸所にあり本日運転は杜絶の状態なり。

天満橋梁流失市内線不通となる。

鷹野橋—電鉄前浸水約30センチ。

宇品線30〜45センチ。浸水3ヶ所。南部変電所は停電、鉄[10]道局前鉄柱折損す。

横川橋流失す。車両1両流失す。

午後徒歩連絡にて宮島線に行く

台風の翌日、日誌にこう被害の状況を綴った松浦さんは宮島線に向かい、そのまま廿日市に宿泊。翌朝から、宮内付近で倒れていた架線柱2本の復旧作業を行い、19日の13時過ぎに宮島線は復旧しました。

一方の市内線は天満橋鉄橋が流失したため、西天満町—小網町間は徒歩

＊9　○
○部分は判読不明

＊10　**鉄道局前鉄柱**
鉄柱が倒壊した鉄道局は、現在の宇品5丁目電停付近にありました

写真31　流失した天満橋鉄橋。右手前が鉄橋の残骸、奥に満員の渡し船が見えます（1945年10月23日撮影／米国戦略爆撃調査団、提供／米国国立公文書館）

移動となり、天満川は渡し船での接続となりました（写真30、31）。

天満川にワイヤーを渡し、船頭役の社員が力いっぱいにワイヤーを引くことで船を動かします。多数の乗客を乗せた船を人力で渡すと、何度か往復するだけで手に血が滲んできたそうです。

ところで「写真32」は、枕崎台風から2か月ほど経過した11月18日に、天満橋鉄橋の西側から西天満町方向を撮影した写真です。見ると、架線柱は倒れ、架線は垂れ下がったままです。

この区間は8月15日には被爆から復旧していましたが、枕崎台風で天満橋鉄橋が流失したあとは、復旧の手がつけられていなかったことがわかります。

台風で流失した天満橋鉄橋は、翌1946（昭和21）年5月に架橋されました。鉄道史家の故長船友則さんが2015（平成27）年に書いた『原爆被爆前後　広島市内電車運転の推移』には、単線で復旧していた市内線が複線復旧する1946年1月7日から、天満橋鉄橋が開通する5月までの期間について、「運転区間が長いことを考えても小網町には亘線が造られたことは確実と考えられるが、その事実を資料、聞き取り等で確認することはできなかった」とあります。

広島駅から小網町まで3・6キロメートルを25分かけて走ってきた電車が、小網町から広島駅に戻るときには、下り線路から上り線路へと移動する亘線（渡り線）が必要となるはず。

写真32　天満橋鉄橋西詰の電柱。矢印の辺り（西天満町電停）まで電車が走っていました
（撮影／米国戦略爆撃調査団、提供／米国国立公文書館）

写真33　現在の天満橋鉄橋付近

今回、松浦さんの業務日誌12月6日の項目に「午後小網町試運転亘線手直しをなす」との記述が見つかりました。長船さんの予測は正しかったようです。

●己斐—広島駅の復旧開通

台風後も復旧工事は進みます。

10月1日（月）
本日正午より山口町まで開通す。京橋川鉄橋は橋脚調査不充分のため一応運転を見合せす。
夜山口町まで開通の祝とし酒一升、スルメ、牛缶2ヶを提供し次長と共に祝杯をあげる。次長牛肉の寄贈あり

業務日誌に記載の「開通した山口町」とは、現在の銀山町（広島市中区）です。

広島駅まで線路を延ばすためには、京橋川に架かる京橋川[*11]鉄橋と猿猴川に架かる荒神橋を渡らなければなりませんが、京橋川鉄橋は、原爆で大きく曲がり上下にも大きくうねっていました。

さらに台風でも被害を受けたため、応急修理で電車の走行に耐えられるのか、潜水調査も行われたようです。

広島駅までの復旧を目前にした業務日誌には、

10月10日(水) 雨
今日も朝から雨。昨夜からどんどん降り続けて、到底仕事にはならなかった。構内も段々水位が上がって来て、海の様になって始末の悪い状態になった

阿久根台風です。

前月に大被害をもたらした枕崎台風と、ほぼ同じような進路を進みましたが、阿久根台風は雨量の多い台風で、8日頃から断続的な降雨もあり、土砂災害や水害が各地で発生しました。それでも、

＊11 京橋川鉄橋 「稲荷町電車専用橋」ともいいます（49ページ図1参照）

10月11日（木）晴

鉄道局も馬力を出して駅前に突進しようやく午後開通の見込立ちたり。皆景気が良くなった。

午後現場に行く。午後4時を期し待望の駅前開通す。思えば苦心の最近1ヶ月の奮闘だった。夜は全く重荷を下した気分だった

ついに広島駅まで復旧開通しました。被爆から2か月ほどで、台風も乗り越えての復旧です。心配された京橋川鉄橋も補強を行い、走行可能となっていました。

これで、落橋した天満橋鉄橋のある西天満町―小網町間の渡り船区間を含めて、広島駅から己斐までが繋がったことになります。

駅前開通が済んだのでいよいよ宿直を廃止することとした。これからは安心して家で休めることになった。夜は少し読書した

11日の日誌の結び。

長かった千田町車庫の電車を使った宿直も終わりました。

●単線から複線へ 戦後の復旧支援の記録

復旧が一段落したとはいえ、単線での復旧です。電車の修理も少しずつ進んでおり、複線運転に戻したときの車両数が確保できそうな年末に向けて、複線復旧工事が進みました。

天満橋鉄橋の架橋や横川線、江波線、皆実線の復旧も行わなければなりません。被爆前に吉田町に疎開させておいた機器を使用して、壊滅した櫓下変電所の代わりとなる変電所の計画も進みます。

そして、進駐軍もやって来ました。

松浦さんの人柄を思わせる記述として、11月20日の日誌に「進駐軍が来て、先日の調査の続きをやった。英語が話せると面白いことと思うのに残念だった」とあります。技術者として、異なる文化に触れることは興味の対象なのでしょう。

もちろん被爆前と同じように、配給についても記録されています。

・牛肉（8月15日に配給、以降カッコ内は著者注）
・煙草（8月16日・20日・24日・9月3日・4日・10日・12日・10月12日・11月5日・7日）
・軍手（8月17日・11月16日）
・蚊取半分の配給6袋（8月18日）
・胡瓜の配給13人分（8月20日）
・福神漬30缶 通勤者2ヶ、準世帯1ヶの割合なり（8月28日）
・南瓜（8月29日）
・刻み煙草100瓦配給（8月30日）
・地下足袋6足（9月9日）
・大豆1斗4升（8月31日・9月5日・10日・15日・20日・21日・25日・28日）
・下駄（10月15日）
・衣服配給（靴一足、10月22日）
・厚生酒 成年男子配給あり（17本、11月2日）
・蜜柑の配給あり。1貫目13円なり（11月6日）
・配給衣料品の籤《くじびき》引分配（11月8日）

・大根粕漬・野菜・七輪・クラブ乳液・海苔（12月13日）
・更生酒 12本の配給（12月15日）
・鮭缶詰1個25円5個配給（500グラム入、1946年2月16日）

（松浦さんの業務日誌より、抜粋して紹介）

食料品だけでなく、日用品や衣料品の配給まで。分配のくじ引きも行われました。タバコは「光・バット」（ゴールデンバットのこと）などの銘柄も書かれています。お酒は、厚生酒・更生酒が登場するのですが、その違いは不明です。

「酒の配給あり。帰宅する」や「ゼンザイの配給ありたり。久し振りに舌鼓を打ちたり」との記述もあります。被爆の影響とも思えるような体調不良が続く日もあったようですが、空襲を心配することのない平安が、そこには見えてきます。

また、業務日誌には復旧に協力してくれた方々への応対についても細かく書かれています。そこからも当時を知ることができるので、一部ご紹介しましょう。

8月20日（月）晴
本夕は應援《おうえん》電工と会食す

8月21日（火）晴
尾道鉄道、應援電工、帰社する由申出あり。4日分とし謝礼80円支出のこととす

9月5日（水）
呉交通 山下君に対し謝礼350円、ズボン一着贈興のこととす。
中野君には治療費150円、作業ズボン一着、謝礼200円支給す。
夜山下君の送別宴をなす。酒5合特配あり

9月7日（金）
本日呉通関係の蒲団105号車の分、敷2枚、掛3枚を返戻す。
鉄道局分4人分、敷2枚、掛6枚、計8枚を借用す（155号車なり）

9月29日（土）晴
鉄道局応援隊帰福[*12]。
襯衣《しんい》[*13]3枚、鮭缶・福神漬3箇宛配給す

11月20日（火）晴
本日高松琴平電鉄応援隊、井村、平田、大林氏、帰高せらる。
金三百円なり手交。土産として、更生酒3本、缶詰3ヶ、瓶詰3ヶを提供したり

11月26日（月）晴・曇・夕方小雨となる
101号車を伊予鉄応援車とし、畳6枚を準備し帰りたり。莫蓙《ござ》4枚を厚生課より借用す（今夜より伊予鉄応援組は101号車に宿営することになる）

12月3日（月）晴
琴平参宮電鉄 平井氏ほか3名引上げにつき、旅費謝礼等精算し、夕方

＊12 **帰福**
鉄道局福山電力区から応援に来た方が帰るようです

＊13 **襯衣**
シャツのこと

は送別宴開きたり

12月4日（火）晴・曇・時雨あり
文理大謝礼200円を本日持参。高田庶務課長に御渡しす。
（応援学徒90名×2日＝180人役。1人1日1円とし、180円故に200円とし計算す）

12月5日（水）晴
伊予鉄社員本日午前中作業。午後宮島線を見学し後、宮島見物をさる。夕方送別宴をなす（牛缶と大根甘酢、更生酒7本）

12月22日（土）晴・曇・雨
下関電力区応援隊、本日横川線完了。明日引上げのこととなり、今夕送別および慰安会を開く

電車に畳やゴザを敷いたり、敷布団や掛け布団を手配したりしたこと。

電車宿舎を用意したこと。お帰りの際には謝礼や手土産を贈ったこと。

牛肉の缶詰と大根甘酢といった「豪華」に行われた送別会のメニューまで記録され、復旧作業中に電車の屋根から転落して負傷した呉交通の中野氏へは、治療費も計上されています。

12月4日にある「文理大」とは、現在の広島大学文学部や理学部のことです。作業内容は不明ですが、学生も復旧作業に力を貸していたことがわかります。

伊予鉄の応援隊は、ちゃっかり宮島見物して帰っています。

応援隊に礼を尽くすのは、駆けつけてくれたことへの感謝からにほかなりません。戦争の被害は広島だけではなく、それぞれの地域も空襲を受けています。それでも広島に来てくれたのですから。

第4章

復旧に関する新事実

●「被爆3日後の復旧」の記載

業務日誌を残してくれた松浦明孝電気課長。第1章でも述べた通り、NHKのドラマでは俳優の阿部寛さんが松浦電気課長を演じ、被爆してわずか3日後に走り出した路面電車の運行が劇的に描かれました。

ところが残された業務日誌の8月8日の記述には「市内線は己斐―西天満間復旧す。PM4時頃」と書かれています。

これでは被爆3日後ではなく2日後の復旧に読めますが、運行可能と判断できた試運転が8日の午後4時に行われたのであって、実際の運行再開は翌9日からでした。したがって、被爆3日後の復旧で正しいのです。

しかし、わずか2日後には試運転を行うほどの急速な復旧にもかかわらず、業務日誌には作業の内容についての記述がありません。

後々に語り継がれるほどの出来事なのに、業務日誌を確認すると、8月7日には宮島線の復旧作業や廿日市の国民学校での患者収容状況の調査、廿日市変電所の運転状況の調査が書かれており、翌8日には千田町にて人的物的被害状況の調査について書かれているだけです。

●なぜ業務日誌では「被爆３日後の復旧」が詳しく書かれていないのか？

業務日誌に登場する伊藤信之常務は、後に広島電鉄の社長となりました。没後、『伊藤信之追想録』（１９８６年）が作られたのですが、そこに松浦さんが被爆後の復旧について手記を寄せています。

業務日誌と『伊藤信之追想録』に書かれた松浦さんの手記から、真実を探ります。

まず、『伊藤信之追想録』にある松浦さんの手記によると、８月９日の午後５時（つまり己斐―西天満町間が復旧したあと）に、内部が全焼していた広島市役所において、戦災処理委員会が開催されました。

そこでは、陸軍船舶司令部の佐伯文郎中将が、軍人らしくテキパキと官公庁の長に、被害状況や復旧対策などを質問指示しており、広電に対しては、交通機関の復旧は人心の安定に一番大切なことであり、復旧作業人員や物資の輸送にも重要な責務があるので、翌10日から１か月以内に広島駅から己斐までの路面電車を復旧するように命じています。
それに対し、松浦さんは「それは不可能であります」と返答。佐伯中将は「戦時に不可能は許されない。なぜ不可能なのか理由を説明せよ」と迫りました。

私は先ず「電車に電気を送る電車線は直ぐ目の前に見えるように、爆風により鉄柱は倒れ、木柱は焼失して電車線は道路上に蜘蛛の巣のように落下散乱しておりますので、電柱を建て直し、電車線を整理し、元の通りに、それも限られた短期間に復旧するためには、大勢の技術者と作業補助員を必要と致しますが、会社の現状は、若い技術者は殆ど軍に召集され、残っているのは高齢者数名だけでしたが、それも当日現場で皆被爆負傷し休養中であり、この工事のためには多数の要員の動員と焼損電柱の補給等の点から不可能」と申し上げた次第を説明しましたところ、流石は部隊長だけあって、即戦即決、「よし、それでは、大阪駐留の電信部隊で、電信線架設経験のある兵隊さんを食糧持参で応援するように手配し、電柱用木材は、広島市郊外の矢野町に軍需用の木材があるから、それを支給する。また、電柱運搬や穴掘りの手伝いは宇品駐在の予後備の兵隊さんに手伝いさせるから協力して貰いなさい」とのこと。また一方広島鉄道局に依頼して、中国地区の国鉄電車線区や中・四国の私鉄の同業者へも技術員並びに復旧資材の補給等の応援依頼する方法など、誠に行き届いた指示を受けたのであります。

（『伊藤信之追想録』１９８６年、松浦さん手記「原爆直後の伊藤常務」より）

「宇品駐在の予後備の兵隊さん」は、第３章でも登場した「暁部隊」と呼ばれる陸軍船舶司令部の兵隊を指します。被爆３日後に、軍の支援や中四国の電車関係者の応援など、復旧支援の方針が固まりました。

８月９日の戦災処理委員会が復旧活動の起点であり、それまでの３日間は応急対応でした。象徴的な被爆３日後の復旧区間(己斐―西天満町間)は、現場で応急対応できる区間でしかなかったということです。

●通説と違っていた事実

ここでもう一度、被爆後の復旧の主な流れを見てみましょう。

①宇品の暁部隊が倒壊した電柱の代わりに使うため、帆柱を持ってきた。
②駆けつけた東京電信隊が、その帆柱を建て架線を張った。
③宮島線廿日市変電所からの電気を使って、8月9日に路面電車が己斐から西天満町まで走った。被爆わずか3日後の焼け野原を路面電車が走る姿に、市民は勇気をもらった。
④その後も東京電信隊は、暁部隊とともに架線柱を立て、電線を張り、次々に路面電車を復旧していった。
⑤活躍していた軍隊も、8月15日の終戦をきっかけに撤収してしまった。

このようになっています。

何度読み直しても、松浦さんの業務日誌には、「東京電信隊」は出てきません。そして軍隊は、終戦の日を超えてもまだ復旧に従事しています。

『伊藤信之追想録』の手記にも、東京電信隊は出てきません。東京電信隊のかわりに登場するのは「中部３６４５７部隊」です。

防衛省防衛研究所史料室によると、中部３６４５７部隊は、中部軍管区に所属する電気中隊の電信部隊で、普段から電柱を建てたり電線の作業を訓練したりしている通信専門部隊でした。

部隊は東京に拠点を置いていましたが、被爆時は大阪に移動していました。つまり「中部３６４５７部隊」こそが「東京電信隊」にあたると考えられます。松浦さんの日誌にも「中部３６４５７部隊」は登場します。

なぜ路面電車の復旧の話に「東京電信隊」が定着したのでしょうか。

断定はできませんが、一般的に軍隊は正式な部隊名をあまり前面に出さないので、東京に拠点のある電信専門部隊ということで、「東京電信隊」の名が市民の間で浸透したのではないかと思います。

８月11日の業務日誌には、「中部３６４５７部隊、井口少尉50名の部下を引率応援のため来社。本日は作業打合せのうえ宿舎設営の準備をさる」との記述があり、復旧の現場責任者として井口少尉と対面した松浦さんは、正式な部隊名を知らされていたのでしょう。

その中部３６４５７部隊が広島にやってくるのは、日誌にもある通り、8月11日のことです。しかも当日は、宿舎の設営などを行うのみで、実際の作業は12日からでした。被爆３日後の己斐—西天満間の復旧には間に合っていません。８月12日の業務日誌には、

8月12日（日）晴
本日は電柱運搬のため終日海田市需品廠へ出張しこれが引取りに奔走し、北村、林両君の運転にて３往復丸太30尺１３６本を輸送す。暁部隊より兵隊30名の応援を得たり

とあるので、暁部隊が電柱用に帆柱を持ってきたという話も、需品支廠からの電柱運搬を暁部隊が手伝ったことで、誤解されたものと思われます。整理すると、被爆３日後の復旧には、暁部隊の帆柱や東京電信隊は関係ないのです。

では、なぜ己斐—西天満町間は復旧できたのか？　それも実質被爆2日後に。それは、この区間が路面電車ではなかったからです。法的には路面電車

でしたが、新設軌道という方式の区間でした（主に都電など）。新設軌道とは、見た目は一般的な「鉄道」に見えてしまう「路面電車」のことです（図6、写真34、35）。

本来、路面電車は道路の中央に軌道敷があり、道路わきに建てた架線柱にスパン線（支えのワイヤー）を張って、そこから架線を吊るします。

一方、新設軌道では道路わきではなく線路わきに架線柱を建て、左右の架線柱の間に梁を渡し、そこから架線を吊るします。電車に電気を供給す

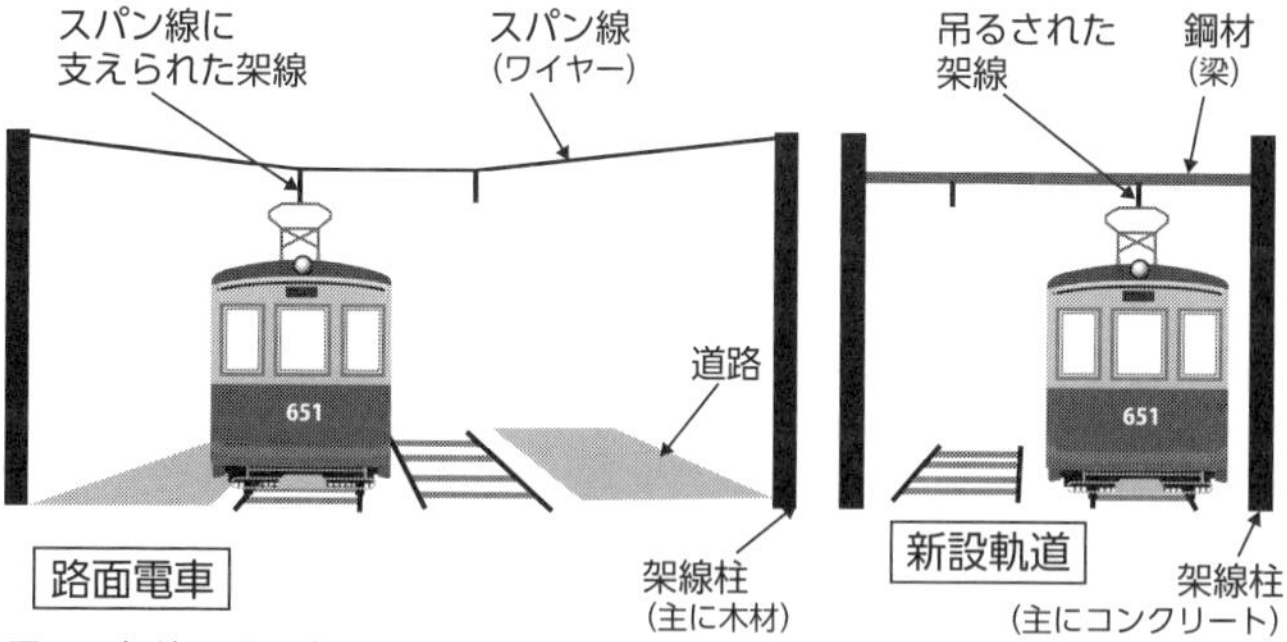

図6　架線の吊り方の違い
主に市内線は路面電車、宮島線は鉄道。己斐―西天満町間は鉄道によく似た新設軌道区間でした

写真35　開業レール架線柱とスパン線（市内線）

写真34　開業レール架線柱と鋼材による梁（宮島線）

写真 36　福島町電停付近。福島町から北を望む
写真手前の線路わきに、ステップレールで組まれた架線柱などが写っています
（1945 年 10 月 26 日撮影／米国戦略爆撃調査団、提供／米国国立公文書館）

る施設の構造が違うのです。

　そして、この区間の架線柱は1912（大正元）年に広電が開業した時のレール（ステップレール）を組み合わせて建てられています。木柱ではありません。「写真36」には、ステップレールで組まれた架線柱と、梁となっている鋼材、そこから吊られている架線が写っており、レールを組んで建てられた架線柱は、原爆の爆風でも倒れなかったことがわかります。

　なお、同じ架線柱は、現

写真37　被爆から９年後の福島町付近。「写真36」の左下あたりから天満町方面を写しています。福島町の目印でもあった大クスノキの下を走る線路は、鉄道のように見える新設軌道で、開業時のレールを使った架線柱と鋼材の梁も被爆時そのまま
（1954年３月撮影、提供／窪田正實）

写真38　旧福島町電停跡付近

在でも県病院前電停から宇品5丁目付近や宮島線にも数多く残っています（写真39）。

　一部の架線は切れたことでしょう。それでも、切れた架線を繋げばいい。廿日

写真39　開業レール使用架線柱

市変電所からの電気をもらうための接続も、それほど困難ではありません。

復旧電車の試運転を担当した山崎政雄さんは、山手川と福島川の鉄橋がギシギシと音を立てているのが怖かったと話しています。社内報（1956年7月号14ページ）には、この区間の枕木が燃えたので消火を行ったという記述があります。だれも、この区間の架線や架線柱についての話を残していないことから、その辺りの作業は造作もなかったのでしょう。

軍隊は脱線した電車を路肩に動かして道路の啓開を行ったといわれていますが、被爆直後にアメリカ軍が撮影した空中写真を見ると、西天満町電停付近に電車が写っており、脱線しているように見えます（写真40）。10月27日に西観音町一丁目から撮影された写真の奥には、西天満町電停近くに電車が写っています（写真41）。

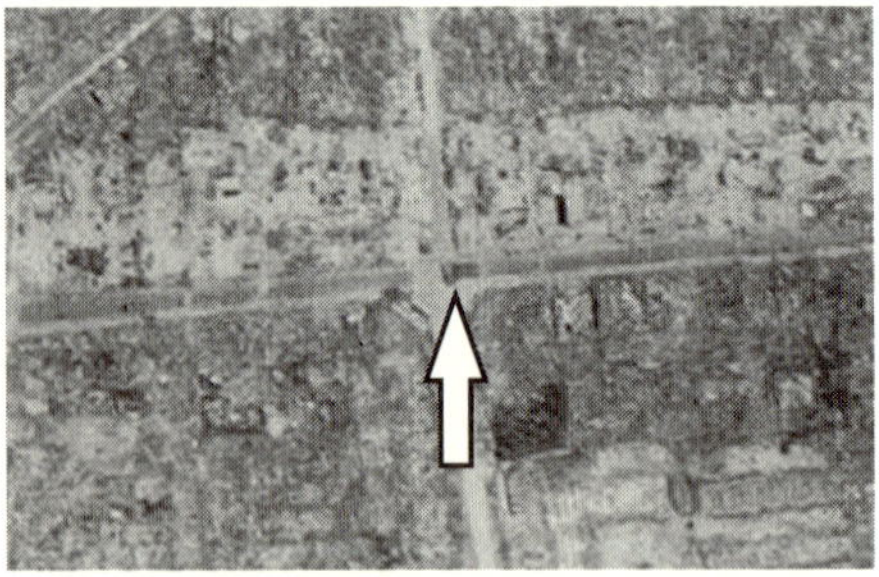

写真 40　西天満町電停の脱輪車両
（1945 年 8 月 11 日空中写真〈米軍撮影、国土地理院より〉を加工）

写真41　西観音町一丁目付近から北北東方向を望む。丸印に電車
（1945年10月27日撮影／米国戦略爆撃調査団、提供／米国国立公文書館）

原爆により破壊された電車を、暁部隊が路肩に移動させた可能性はありますが、直接的には被爆3日後の復旧と軍隊は、無関係であると私は考えています。

一方でこの復旧区間の先、天満橋鉄橋から東側は路面電車区間です。もちろんステップレールを組み合わせた架線柱もありましたが、ほとんどの架線柱は木柱でした。

より爆心地に近くなるので、木柱は原爆の衝撃波で倒れ、熱線で燃えました。そして鋼材の架線柱ですら、溶けて倒壊しました。

8月12日以降の復旧の裏に、松浦課長や電気課の方々と暁部隊が運搬してきた帆柱用の丸太、東京電信隊とされる中部36457部隊の活躍があったのは明らかです。

原爆投下後に線路の復旧作業にも携わった大嶺詮議さんが、社内報に「あれから18年たったよ」と題して当時の様子を寄稿しています。

兵たちは小網町停留所～十日市間のトロリー線新設、私たちは小網町～

西天満間トロリー線を整備しました。若く日に焼けて真黒い体の兵隊たちが、きびきびと作業する姿はたのもしく、みるみるうちにあの焼跡に電柱が立ち並ぶのを見た時は、力強いエネルギーが感じられた。

（広電社内報『輪苑』1963年9月号より）

そして、軍隊は終戦後もすぐに撤収することなく、復旧活動を続けてくれました。

中部36457部隊が終戦から5日後に引き上げたときは、松浦さんも「工事一頓挫す。不意打で面喰った」と書いていますが、その2日後には平沼組がやって来ました。そして大国部隊は31日まで、復旧作業を行いました。

軍隊に加え、呉市交通局、尾道鉄道、高松琴平電気鉄道、琴平参宮電鉄、伊予鉄道、鉄道省の電力区（古市橋・横川・福山・神辺・下関）、東洋工業、三菱重工、満長組、平沼組、高木組、共立組、山下組、高等師範学校、広島文理大学、広電電気課や工場課と復員して来た社員、県や市からの援助、そのほか数多くの支えがあったから、あの焼け野原から復旧できたのです。

その起点となった8月9日の「戦災処理委員会」は、『暁の宇品』（堀川惠子著、講談社、2021年）によると、被爆直後の救援と復旧を的確に指示した陸軍船舶司令部の佐伯文朗中将の経験が生かされています。

佐伯中将は、関東大震災のときに陸軍の本部で、災害時の初動がいかに大切なのかを知り、体系的な指示の重要性も身をもって経験しました。つまり路面電車の速やかな復旧は、松浦さんも遭遇した、あの関東大震災の教訓によって実現したのです。

さらに忘れてはならないのは、広島に駆けつけてくれた各地、呉も高松も松山、福山、下関も、空襲を受けているということです。それも大空襲で、大きな被害を受けました。

それでも、広島に来てくれた。広島の復旧に駆けつけてくれたのです。

NHKのインタビューで土佐電気鉄道OBの小松盛永さんが「同じ電鉄、同じ路面」と話していました。それは他の鉄道会社にも共通していたのです。この事実は、決して忘れてはいけません。

●謎だった高知からの救援

残念ながら、今回の調査の目的だった高知の土佐電気鉄道からの救援について、松浦電気課長の業務日誌には記述がありませんでした。

また『広島にチンチン電車の鐘が鳴る』（きむらけん著、汐文社、1999年）の中に、土佐電気鉄道の応援について書かれており、きむら氏にも問い合わせたところ、当時の石田彰副社長から聞いたとのこと。NHKの証言ドキュメントが放送されたあとの話なので、別の資料ではなく、石田副社長は番組をもとに話をしたのではないかと判断しました。

しかし、『伊藤信之追想録』に重要な証言が残されています。

当時としては、電車を動かすことが至上命令でしたから、壊滅になった軌道復旧に必要な架線材料など物件を集めろということで、呉の交通局や仁方の変電所へ行って、お世話になったことを思い出します。それに、トロリー線が高知にあるということで配給の交渉に行ったこともあります。

（『伊藤信之追想録』1986年より）

配給や物資調達の窓口として松浦課長の業務日誌にも登場する、需品課の岡野課長の話です。

「トロリー線が高知にある」

高知は、7月に80機ものB29による爆撃で壊滅し、虎の子の資材すら燃えてなくなりました。その高知に、高松の琴平電気鉄道の架線工員が応援に駆けつけ、京阪電鉄からは架線材料が届けられています（『土佐電鉄八十八年史』土佐電気鉄道、1991年）。

つまり、高知の復旧のために届けられたであろう貴重な貴重なトロリー線を、広島に譲ってくれたということです。

「同じ路面だから」

業務日誌には高知から広島への救援について、何も書かれていません。しかし、追想録の証言から、高知へトロリー線を求めに行ったことがわかりました。

あのインタビュー映像で胸を張って語る小松さんの言葉。

「同じ路面だから」

私は、もうこれ以上の理由は必要ないと判断します。

今日も路面電車は、広島を走っています。

80年前の懸命な復旧作業によって生き返った線路の上を、路面電車は走っています。

原子爆弾による徹底的な破壊からの奇跡の復旧。

決して忘れてはいけないし、繰り返してもいけないのです。

●戦争を経験した電車たち

最新鋭の超低床電車からレトロな旧型電車まで、多彩な車両で知られる広電の路面電車。その中には戦争を経験した電車がいます。

被爆電車として知られている650形は、651号と652号が現役です。日々、広島の街を走っており、修学旅行シーズンには平和学習の児童を乗せて、広島駅から原爆ドーム前までを貸切で運行しているのをよく見かけます。

653号は営業運転からは引退したものの、青い旧塗装を身にまとい、被爆電車特別運行プロジェクトとして元気な姿を見せてくれています。

654号は引退しましたが、広島市安佐南区のヌマジ交通ミュージアムで静態展示されています。こちらは月に1回程度、車内も公開されています。

1925（大正14）年生まれの156号は江波付近で被爆し、翌年の3月に復旧した電車です。1952（昭和27）年に車体は更新されましたが、木造の部分も残る半鋼製車両であるため、不燃化構造の基準を満たしていません。特別な認可を得ないと車庫の外に出ることができないため、江波車庫の箱入り娘として、なかなか出会えない存在です。

2012（平成24）年11月23日、路面電車開業100周年記念祭では、千田車庫にさまざまな電車が集合しましたが、そのときも156号は江波車庫の奥から姿を見せませんでした。2020（令和2）年11月23日、33年ぶりに復活走行して路面電車ファンの前に姿を見せてくれたときは衝撃的でした。

　一方、他県で戦争を経験した電車や、被災した部品を再利用した海外の電車も広島で走っています。

　元神戸市電の582号は資料が複数存在し、設計認可日や竣工日の判断によって製造年が若干異なるものの、156号とほぼ同じ時期に製造された電車です。582号は神戸大空襲のとき、生田川の橋の上にいたため両岸の業火に照らされながらも緑の車体は無傷だったという強運の電車です。

　その強運は神戸市電が廃止されて移籍してきた広島でも続き、新型車両の代替として廃車される同形の17両の中では、唯一廃車を免れ、現在でも運行を続けています。また、スリムな車体を生かして選挙公報花電車などでも活躍しています。

　元大阪市電の762号も、大阪大空襲の被害を乗り越えた電車です。広電の650形電車とは全長の違いがあるものの、製造メーカーである木南車輌から「木南スタイル」とも呼ばれる兄弟電車です。

　1945（昭和20）年6月1日の第2回大阪大空襲の際、福町車両工場

で被災したため廃車になるところでしたが、戦災焼失報告の遅れから復旧に結びついた、こちらも強運の持ち主です。

同じく大阪市電から移籍してきた７５９号を改造した貨51号も、１９４５年３月14日の第１回大阪大空襲で被災した電車です。

現在も交通安全運動期間中は啓発横断幕をつけて走行しており、千田車庫での路面電車まつりや11月23日の路面電車開業日を記念して開催される「ひろでんの日」といったイベントでは、電車ステージとしても使われています。

広島カープが優勝したときには車体全体に大きな装飾を施し、「それゆけカープ」を流しながら走る優勝花電車が最高の晴れ舞台で、沿線の至るところで写真を撮られました。


ドイツのハノーバーからやってきた２３８号は１９５０（昭和25）年の製造なので、戦後の生まれです。しかし復興車と呼ばれ、戦争中に破壊された車両の部品を再利用して作られました。

広島ではクリスマス電車としても有名です。車体を彩るイルミネーションがＬＥＤ化されたことで車内に余裕ができたため、近年ではクリスマス電車を貸切り、広島市内を巡ることができるようになりました。

１０１号は１９１２（大正元）年に広電が開業したときのＡ形電車を復元した電車です。１９８４（昭和59）年の大型観光キャンペーン「SunSunひろしま」に合わせて復元。車体の色などは、当時を知る元乗務員に話を聞いて再現されました。

１９８４年の製造なので戦争を知らない電車なのですが、使用している台車は広島市西区の大芝公園交通ランドに「なかよし号」として静態保存されていた１５７号の台車です。１５７号は被爆時、宮島に留置されていたため被害を免れました。

お恥ずかしい話ですが、私は子どものころ、この公園で追いかけっこをして遊んでいたときに、「なかよし号」の窓ガラスを割ってしまったことがあります。

いまでも１０１号を見ると、そのときの気持ちと「ガラスを割った子は事務所まで来てください」という場内放送が甦って、心がチクリとするのですが、呼ばれていった事務所では、叱られることもなく「ケガはなかった？」と優しくしてもらったのも覚えています。

●被爆電車を走らせた技術者の努力を受け継ぐ

私がまだ広電在職中に、新聞社の取材を受けて電車について話したことがあります。

市内電車を運転したのは、宮島線を運転できる免許「甲種動力車操縦者運転免許」を取得するまでの短期間だけだったので、宮島線に関係する電車のことしか答えられないと事前に伝えたところ、電車好きの運転士として自由に話してくれと、電車のリストを手渡されました。

先ほども紹介した、神戸市電から来た強運の582号や、ドイツのハノーバーから来た238号の話。大正元年形の100形101号は、復元するときに車体の塗装が白黒写真しか残っておらず、退職したOBの方たちから聴き取りをして車体の色を決めた話。広電初の超低床電車である5000形（グリーンムーバー）の秀逸な運転席についても語りました。

そして被爆電車の650形に対しては、こう言いました。

「電車もビックリしている。被爆して大変な目にあったのにワンマンカーに改造され、磁気カードやICカード機器を積み込まれ、クーラーを載せられたりして、まだ何かやらされるのかと。でも、まだ100年走れる。この電車が引退するときは、世の中から原爆がなくなったとき」

戦争を知っている電車たちを残すこと、守ることは広島の使命です。しかし、修理する部品もなく、一つひとつを手作業で整備することは大変な苦労があります。それを、千田車庫の整備担当者は続けています。

最新鋭の電車が入っても、ベテランの技術を若い整備員に伝え、技術を受け取った者は、自分が生まれるはるか前の電車も万全に整備する。この技術力がある限り、電車たちは走り続けます。

この技術力は、被爆して傷ついた電車の復旧を行い、焼け野原の広島に再び路面電車を走らせた先輩技術者の努力がもとにあるのです。

もし、これらの電車に乗る機会や見かけることがあれば、床下のボルトひとつでさえ広島の電車職人魂があるのだと思ってもらえれば、モーターの唸りも何かを語りかけているように感じられるのではないでしょうか。

あとがき

まさか原爆に関係する本を書くなんて、思ってもいませんでした。

広島に暮らす者として、あるいは仕事を通じて、原爆は身近だけど少し遠いモノでありコトでもあります。

本編にも書いたように曽祖父母は原爆で亡くなっているし、墓参りに行くと「昭和20年8月6日」と刻まれた墓が目に入ります。乗務員時代は、ハチロクはダイヤの乱れる大変な日でしかなく、全国から平和記念式典に集まる人々の輸送に忙殺されていました。

そんな私が、原爆について書くなんて。

ですが、実は２０１４年、原爆ドームに関する地元新聞社の読者投稿欄に、当時50歳だった私の投稿が掲載されたことがあります。

20日付の広場欄に、広島市の原爆資料館・原爆ドームは観光地ではないのでは、という趣旨の投稿があった。確かに、被爆体験は、戦後生まれの私の想像をはるかに超えるものがあると思う。

昨年、夏休みを利用して親戚の子どもたちが遊びに来た。原爆資料館に連れて行き、話をした。

爆心地周辺を示した大きなジオラマの前で、わが家の飼い猫の話も出しながら「きっとここにも多くの犬や猫、スズメやツバメがいたはずだけど、みんな原爆で焼け死んだんだよ。戦争は人間が勝手にやることで、動物は何も知らずに犠牲になる」と。

その後子どもたちは、中沢啓治さんの「クロがいた夏」を涙しながら読んでいた。

広島を訪ねる動機にこだわることはないと思う。観光地であろうと観光客であろうと、たくさん広島に来ていただき、平和の尊さを感じとってもらいたい。広島に住む者には、伝えなければならないという気持ちが大切だと思う。

（中国新聞「広場」２０１４年７月23日）

生意気なことを書いていますが、間違ってはいないと思います。本書も、高知からの救援を知りたいというのがスタート。高知からの救援を探るなかで、被爆からの復旧の新事実が明らかになりました。

人類史上初の核兵器による壊滅的な被害を受けてもなお、関東大震災の経験を生かして復旧の道筋を示した司令官。

その呼びかけに呼応して駆けつけた、周辺の鉄道会社。

終戦後も復旧に努めた軍隊。

民間の電気工事会社も駆けつけていました。その中には、在日朝鮮人のチームもいました。

鉄道省からは各地の電力区。

東洋工業や三菱重工から、工員や資材の協力。

他にも、ともに広島大学の前身である広島文理大や高等師範学校から、90名が応援に来たとの記述がありました。残念ながらこれについては、広島大学75年史編纂室に調査していただいたものの、作業内容などの情報は判明しませんでした。

そして、広島電鉄の社員。情報をお持ちの方はぜひご一報ください。

全ての力が結集して、路面電車は生き返りました。被爆、空襲、自らや家族の被災、敗戦と混乱があってもなお、広島の路面電車を救おうと、集まった人々がそこにはいます。

松浦明孝電気課長の日誌には書かれていませんが、社内報には、バスに関する記述が残されています。

広島上空に炸裂した世紀の一閃、この閃光はたちまちにして、この世ながらの生き地獄、広島は一瞬にして潰滅した。（中略）バスの車庫も十数両の車を下敷きにして崩潰した。（中略）当時、市内バス六四両、全焼三六両その他殆んど大破、可動車は十数

写真 42　キジア台風後の天満橋。左下、背広姿の男性は多山社長（当時）。その右隣、半袖の男性が松浦さん
（広電社内報『輪苑』1984 年 3 月号 45 ページ）

両であった。翌日から血まみれのまま上下一体となり、会社復旧に全力を傾倒すると共に広島市交通機関の復興に力が注がれた。（中略）早くも八月八日には、バスがたれ下がった電線をかき分け、焼け曲がった鉄柱をくぐり、電鉄前から紙屋町、広島駅間の往復運転を開始した（無料バス）

（広電社内報『輪苑』1956年4月号6ページより）

路面電車よりも先にバスが走り始めました。被爆3日後の路面電車復旧よりも、バスの復旧が早かったのです。路面電車もバスも、勝手に立ち直ったわけではありません。多くの努力と支援、そして犠牲の上で生き返りました。

それは、命令だったから?

違います。「広島市交通機関の復興」と書かれているように、都市には交通が必要だからです。

交通とは、単なる移動手段ではありません。人が移動できるということは、その地域が生きているということです。だから、復旧させなければならないと、力を尽くされたのです。あの復旧があるから、あの復旧を成し遂げた名もない人々の頑張りがあるから、いまの広島があるのです。

あとがき

これは80年も前の過去の出来事でしょうか？

あの復旧を成し遂げた人々に、もういらないと言えるのでしょうか？

路面電車、路線バス、ローカル線。多くの人々によって生き返った交通機関。

車があるから関係ないと、簡単に言い切ってよいのでしょうか？

どうか、命がけで復旧に努めた方々のことを知り、いま一度考えていただきたいと思います。あの時なぜ、交通機関を復旧させなければならないと思ったのか。公共交通がなぜ必要なのかを。


松浦さんの業務日誌と向き合っているときに、新聞の投稿にも登場したわが家の飼い猫が亡くなりました。荒手車庫のゴミ捨て場でカラスに襲われていた子猫を連れて帰り、飼うつもりはなかったけれど、13年間一緒でした。その間、さまざまな場面で支えてくれた福にこの本を捧げます。

福ちゃんありがとう。そして、世界が平和という福に恵まれますように。

２０２５年3月吉日

中田　裕一

主な参考文献

・広島電鉄社内報『輪苑』各号、広島電鉄株式会社、1950～1990年
・『広島電鉄開業100年・創立70年史』広島電鉄株式会社、2012年
・『広島電鉄開業80創立50年史』広島電鉄株式会社、1992年
・『広島の路面電車65年』広島電鉄株式会社、1977年
・長船友則『原爆被爆前後 広島市内電車運転の推移』あき書房、2015年
・堀川惠子『暁の宇品 陸軍船舶司令官たちのヒロシマ』講談社、2021年
・鉄友会「宮島線乗務員アルバム」1960年
・井上洋一『広島財界今昔物語』政治経済セミナー、1967年
・防衛庁防衛研修所戦史室『戦史叢書 本土防空作戦』朝雲新聞社、1968年
・広島市消防局原爆広島消防史編集委員会編『原爆広島消防史』広島市消防協力会、1975年
・『山陽電気工事株式会社三十年史』山陽電気工事株式会社、1978年
・鉄道電化協会編『電気鉄道』第2巻第6号、鉄道電化協会、1948年
・広島電鉄株式会社『電車内被爆者の証言』広島電鉄電車内被爆者のつどい係、1985年
・里見正矣『土佐電気鉄道五十年史』土佐電気鉄道、1954年
・きむらけん『広島にチンチン電車の鐘が鳴る』汐文社、1999年
・加藤一孝『もう一つの語り部 被爆電車物語』南々社、2015年
・広島市役所編『広島原爆戦災誌』全5巻、広島市、1971年8月～12月
・『広島県戦災史』広島県、1988年
・『写真で見る広島あのころ』中国新聞社、1977年

巻末資料

———（7月30日～8月12日）

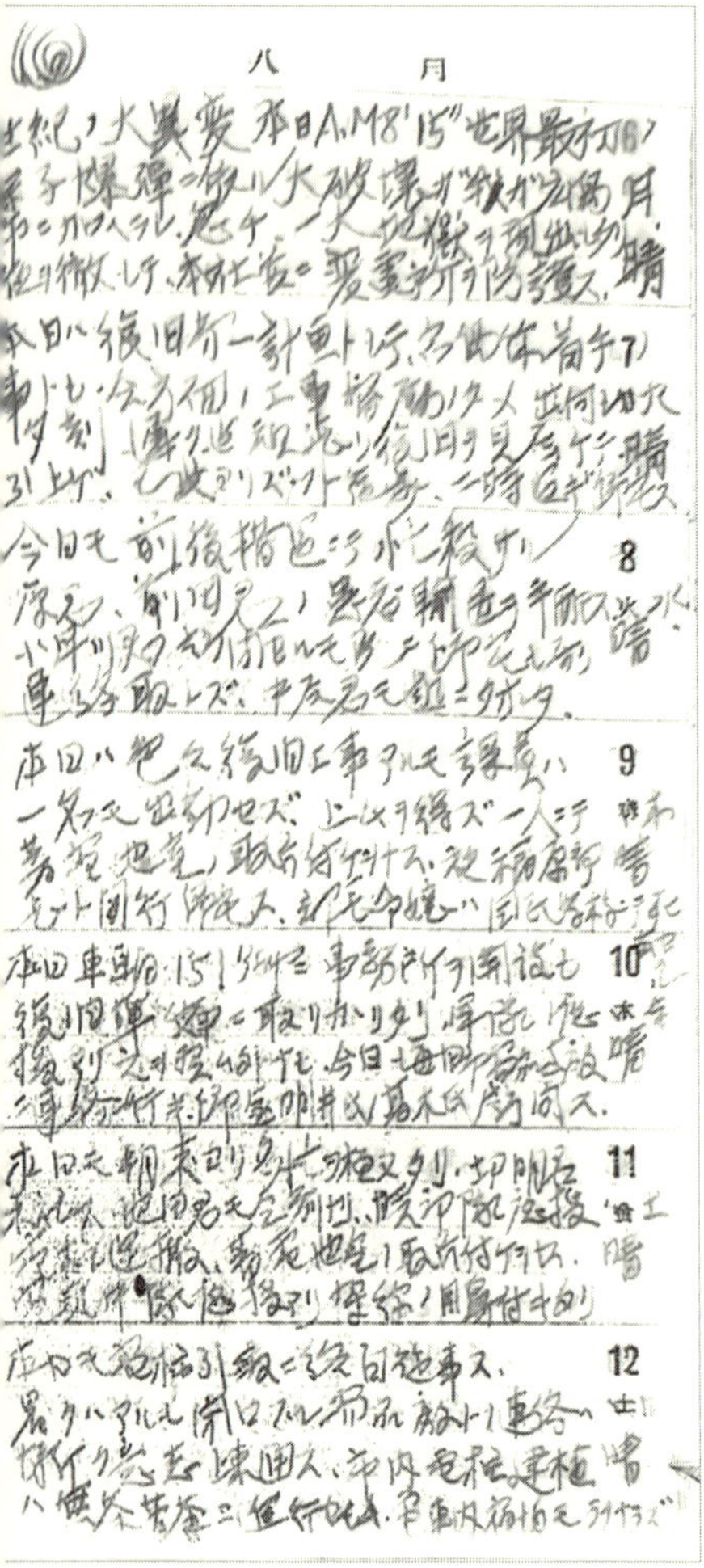

8月6日（月）晴
世紀ノ大異変本日AM8'15"世界最初ノ原子爆弾ニ依ル大破壊ガ我ガ広島市ニ加ヘラレ即チ一大地獄ヲ現出シタリ。夜モ徹シテ本社並ニ変電所ヲ防護ス。

8月7日（火）晴
本日ハ復旧第一計画トシテ宮島線着手ノ事トシ、全方面ノ工事督励ノタメ出向シタ刻遅ク迄頑張リ復旧ヲ見届ケテ引上ゲ、己斐ヨリズツト徒歩。二時過ギ帰宅ス

8月8日（水）晴
今日モ前後措置ニテ忙殺サル。原君、前田君ノ患者輸送ヲ手配ス。小早川君訪問セルモ先ニ帰宅シ居リ連絡取レズ。中尾君モ遂ニタオレタ。

8月9日（木）晴
本日ハ色々復旧工事アルモ課員ハ一名モ出勤セズ。止ムヲ得ズ一人ニテ蓄電池室ノ取片付ケヲナス。夜福原部長ト同行帰宅ス。部長令嬢ハ国民学校ニテ死去セラル

8月10日（金）晴
本日車輌151号車ニ事務所ヲ開設シ復旧準備ニ取リカカリタリ。軍隊應援アリ之ヲ○ム○トナシ、今日海田市需品支廠ニ連絡ニ行キ帰途明井氏高木氏訪問ス。

8月11日（土）晴
本日モ朝来ヨリ多忙ヲ極メタリ。切明君来社ス。池田君モ全列ナリ。暁部隊應援電柱運搬、蓄電池室ノ取片付ケヲナス。電気中隊應援アリ。架線ノ目鼻付キタリ

8月12日（日）晴
本日モ電柱引取ニ終日従事ス。暑クハアルシ閉口スル。需品廠トノ連絡ハ漸ク意思疎通ス。市内電柱建植ハ無茶苦茶ニ進行セシム。電車内宿泊モラクナラズ

個人手帳 ―巻末資料①（○は判読不明）

松浦日誌(個人手帳)

原爆投下前、投下後の比較 ――――

7月30日（月）晴

昨夜ノ空襲騒ギデ今朝ハ睡ムカツタ。今日モ思フ程仕事ガ出来ナカツタ。人事ノ問題ハ大体好都合ニ運ンダ。平井氏ハ一寸苦手ダ。夜ハ早ク休ム。

7月31日（火）晴

今朝ハ城山ニ行ツテ見タ。大豆ノ出来ハ悪ルイ。今少シ手入ヲ要ス。今日ハ義勇隊ノ予行演習デ何カトゴタツイタ。夜ハ祭リデ御馳走ヲ頂イタ。オ宮ニ参ツテ休ンダ。

8月1日（水）晴

本日義勇戦闘隊ノ完結式アリ。随分暑イ日デ炎天下ノ査閲ハ相当ニコタヘタ。之カラハ軍隊式デドンドントヤラネバ駄目ダ。康子ハ義勇隊ノ勤労奉仕

8月2日（木）晴

今日ハ防空宿直日ダツタ。康子ハ今日モ義勇隊デ出動シタ。午前中溶接依頼ニ三菱ニ行ク。午后ハ余リ仕事モ進捗セズ。夕方ハユツクリト休ム。幸ヒニ警報モ出ズラクダツタ

8月3日（金）

朝方雨アリ気持良シ。午前中何カトスゴシテイツタ。原君今日モ出ズ、一寸ドウカト思フ。午后ハ会議アリ。○○ノ効果ハ充分アツタ。夕方ハ頑張ツテ野菜ノ手入ヲシタ。

8月4日（土）晴

軍需監理部ヘ出向シ電球ノ交付ヲ受ケ交易営団共連絡ス結果○○ナリ。常務ヨリ呼出電話ノ督促ヲ伺受ク。芳シイ問題ナリ。却々解決ガ困難ナリ。

8月5日（日）晴

日曜日ニテ欠勤者多シ。出勤率ノ悪イノニハ全ク閉口スル。却々思フ様ニハ動イテ呉レナイ。困ツタモノダ。義勇隊モ結成サレタガ却々ツイテ来ナイ。夕方ハ早ク休ム。明日ハ防空当番ナリ

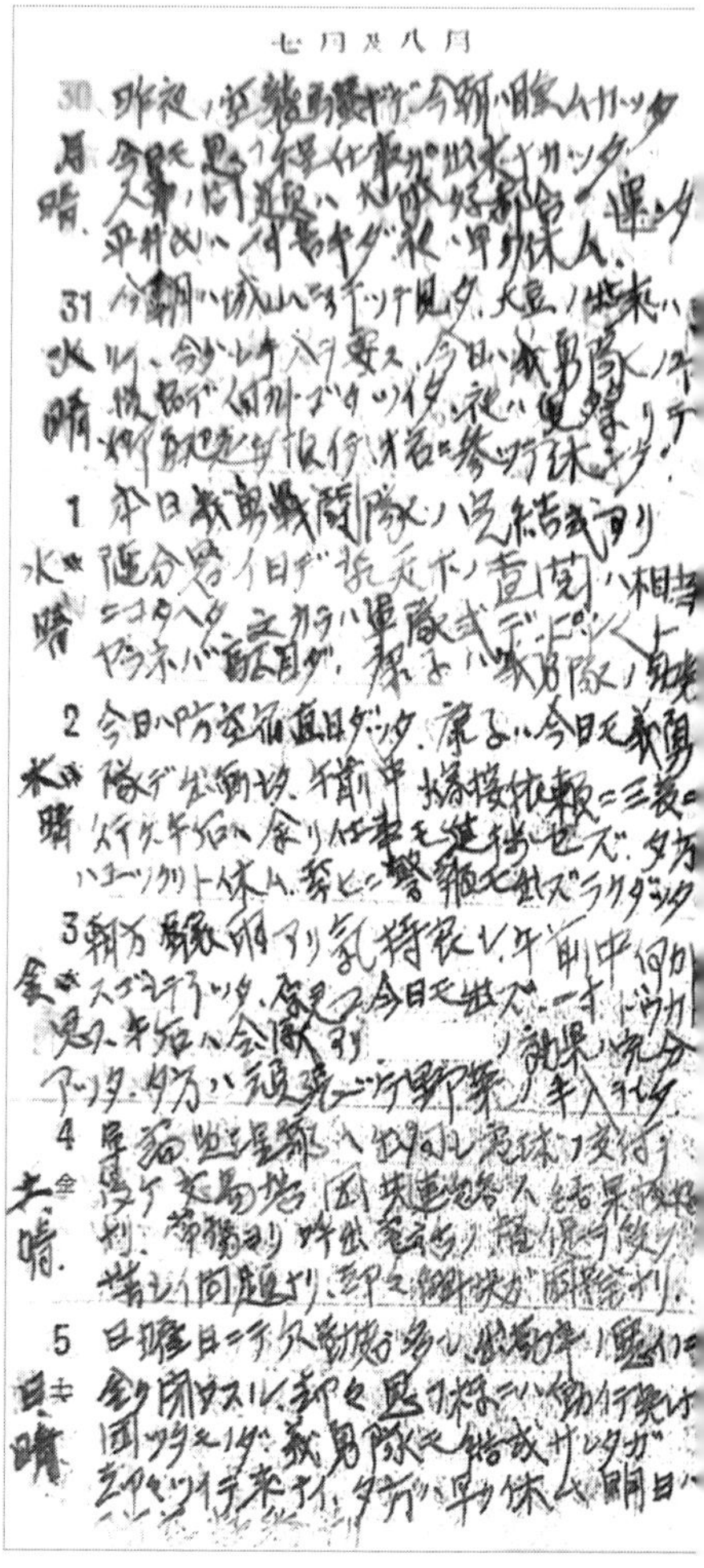

※昭和19年の手帳を昭和20年に使用しているため、曜日を書き換えられていま

原爆投下　8月6日の日誌

【原文】

8月6日

本日午前8′15″頃敵 B 29 来襲

強力原子爆弾ヲ広島市ニ投下シ広島市ヲ中心

トシ約半径 15km ノ範囲ヲ被害ヲ及ボシ殊ニ

市中心部ハ被害甚大屋外ニアリタルモノハ殆ンド

爆死シタル状況ナリ。死傷者数万ト想像

セラル。爆弾ニ依リ家屋倒壊シ尚火ヲ発

セルタメ市中心部並ニ北西地域ハ大火災ト

ナリ市ノ中心部大半ヲ焼失シタリ。

自身ハ当時既ニ出社シ朝礼中ナリシガ

幸ヒ災禍ヲ免カレ社長救出、被害者ノ看護

防火等ニ努メタリ。3時過ギ一應状況判明

落チツキタルニ付一旦帰宅ス幸ヒ子供達モ

被害軽微ニテ無事帰宅シ居リ安堵シタリ。

小憩ノ後再度出社、本社ノ警備ニ終夜

従事ス。幹部、伊藤常務、福田、福原部長

伊倉、倉本、岡野、太田課長等ト宿直ス

工作物被害櫓下変電所被害激甚全壊全焼

千田町変電所半壊ス。廿日市変無事宮島線

被害軽微、市内線架空線九割損傷

車輌半数焼損破壊ス。

回答　8 月 6 日	再調査	研究	完結	上司印	
回答　月　日					

回答記事　本日午前8.15頃敵B29来襲シ
強力原子爆弾ヲ広島市ニ投下セリ 広島市ヲ中心
トセル約半径15KMノ範囲ニ被害ヲ及ボセリ 尚本
市中心部ハ被害甚大 屋外ニアリタルモノハ殆ンド
火傷死亡シ路上ニ散乱セリ 死傷者数万ト推定
セラル 新爆弾ニ依リ家屋倒壊シ同時ニ火ヲ発
セルタメ市中心部並ニ北部地域ハ大火災ト
ナリ 市ノ中心部大半ヲ焼失セリ
自身ハ当時既ニ出社 [illegible]中ナリシガ
幸ヒ[illegible]ヲ免カレ 社員救出 被害者ノ看護
防火等ニ努メタリ 3時過ギ一応状況判明
落チツキタルニ付 一旦帰宅ス 幸ヒ[illegible]
被害軽微ニテ無事帰宅シ居リ [illegible]
小憩ノ後再度出社 本社ノ警備ニ従
従事ス 負傷者 伊藤常務 [illegible]

顛末　[illegible] 太田[illegible]等ト [illegible]
[illegible] 半壊ス 廿日市寮無事 [illegible]
[illegible] 市内[illegible] 損傷
車輌半数 [illegible] 破壊ス

被爆３日後 復旧の起点となる日

【原文】

8月9日

（1） 本日１名ニテ蓄電池室
　　M・Gノ取片付ケヲナス。

（2） 午后櫓下変電所構内ノ片付ヲナス。
　　軍隊應援ヲ得

（3） 本日午后５時ヨリ戦災処理委員会
　　ニ出席ス。

◎福原部長令嬢ハ府中国民学校ニテ本夜死去セラレタリ。

本日夜福原部長ト同行帰宅ス。

本日、二宮、松浦、佐伯、廣藤
廿日市、中村、今中、力山、玉田

著者の一言

M・GとはMotor Generator で、電動発電機のことです。
被爆３日目の運転再開についての記述はありません。そして、広電復旧の要となった戦災処理委員会が開催。松浦課長にとって９日の運転再開は特別なことではなく、当然のことだったと考えられます。

番號		事項			
受命	8 月 9 日	上司		回答豫定	月
下命	月 日	部下		回答豫定	月

内容 (1) 本日1名ニテ葛蔵試験室 M.Gノ取付ケヲナス

(2) 午后 穂下 要塞門構内ノ片付ヲナス 軍隊応援ヲ得

(3) 本日午后5時ヨリ戦犯処理委員会ニ出席ス

◎ 稲垣部長ノ命ニハ 対中国民将校ニ謝[illegible]面会セシムルヿ

(本日夜) 稲垣部長ト同行帰宅ス

処置 本日、二宮、松浦、佐伯、斉藤、井内、中村、今中、内山、玉田

終戦の日

【原文】

二宮次長、松浦、廣藤

8月15日

本日ノ予定電柱運搬

(本日ハ午前中諸打合セノタメ多忙ナリキ。

(本日古田君出勤廿日市へ勤務方指示ス仝君ニ対シ
憲兵少尉ヨリ訓諭アリタリ。

(本日昼辨当《べんとう》ノ件ニテ奔走辟易シタリ。

(小網町迄西天満ヨリノ復旧ハ正午過ギニ
連絡ツキタリ。

(本日停戦協定ニ関シ発表アリ全員意気消沈
仕事ハ中止状態トナル

{本日工事状況　スパンワイヤ、十日市ヨリ—左官町迄
電柱建植約30本
電柱運搬66本

線13352部隊大芝神社付近宿営

ノ應援ヲ得。

(本日、牛肉ノ配給アリ

(工場課　桑原、村上氏　相生橋々上電柱調べヲ依頼

著者の一言

西天満町から小網町まで復旧。つまり天満橋鉄橋も復旧し、渡れるようになったということです。
終戦であり敗戦の日。松浦さんは呆然としつつも、自暴自棄にはなりませんでした。電車を復旧させるという責務があったからかもしれません。
記載のある「線13352部隊」とは独立鉄道第2大隊の部隊で、鉄道敷設等の工事を専門とする部隊でした。当時は大部分が四国へ作業に出ており、応援の詳細は不明です。

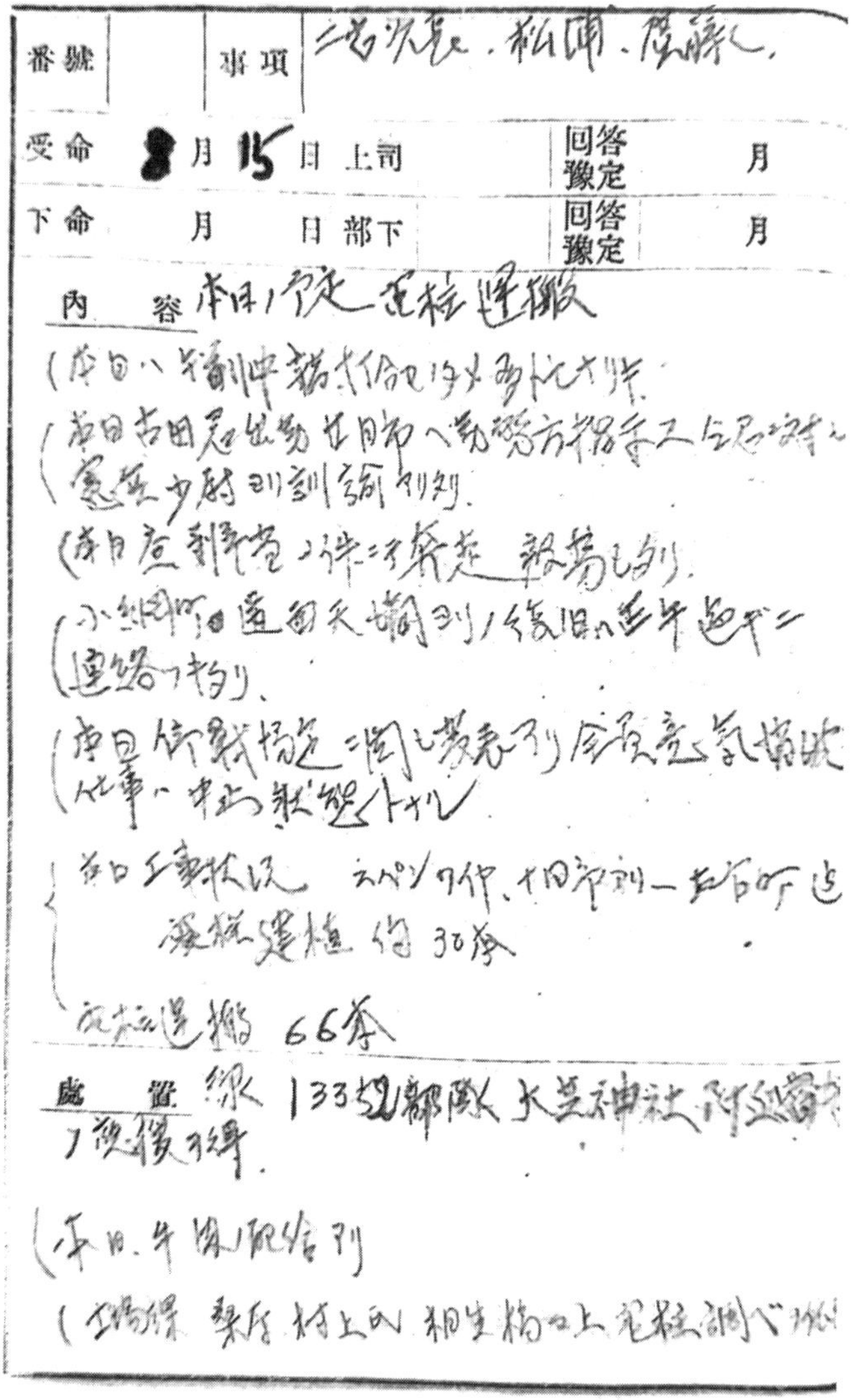

※日誌の綴じ目の関係上、一部文字が切れている箇所があります

千田町変電所 架線関係の復旧

【原文】

8月17日

本日ハ大分秩序回復ス。

午前中千田町変電所ノ整備ヲナス

① 廿日市ヨリ中村、今中、佐伯君来援工場課ヨリモ
大田君外2名應援シ整備ノ結果午后四時五十分
復旧試送電ヲナシ異状ナク車輌1輌ヲ
電鉄前ヨリ専売局迄試運転ス。

② 架線ハ午前中ハ車庫前「トロリー」線落下セルヲ
引上ゲ整理工事ヲナス。
午后ハ小網町地氣変生箇所ヲ修理ス

③ 廿日市ヨリ「バイス」12吋ヲ持参ス 満長組へ

④ 本日電柱運搬全部終了ス（計300本）
（但シ暁部隊ノ30名ハ應援ナシ）

⑤ 電車課應援10名ハ白島線電線整理

⑥ 千田町変電所勤務ハ新藤、石田、佐伯3名トス

① （本日AM5'30" 切明技手 死去セラル）

② 本日国貞君妻子訪問 同君ノ荷物山縣郡加計町
森周三郎宛菰包ミ1ヶ黒風呂敷包ミ1ケ手鞄
1ヶヲ持チ帰ラル（古市町駅ノ下、森川義実方ニテ療養中）

③ 軍手15双及地下足袋7足請求ス

著者の一言

被爆から10日過ぎ、初動や応急から復旧へと転換しています。おそらく広島の町中で復旧が動き出したころ。この日の日誌から復旧作業の実際がわかります。
千田町変電所の復旧は進みますが、架線が切れたり、架線から漏電して電圧が下がったりと、乏しい資材での保守作業は苦労が続きます。それでも電柱300本の運搬は完了しました。『広島電鉄開業100年・創立70年史』（広島電鉄）によると、被害電柱は393本と記録されています。

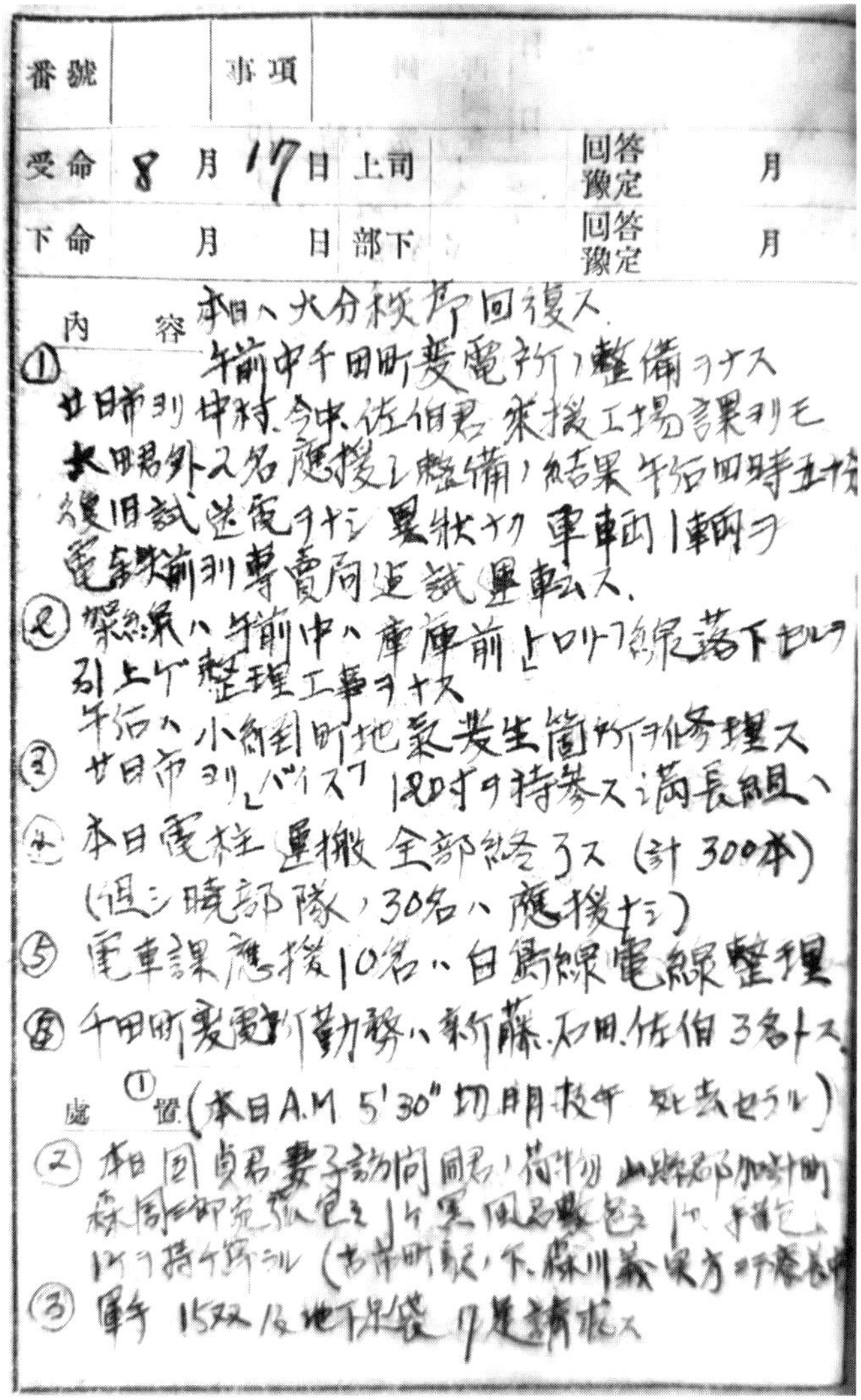

番號		事項			
受命	8月17日	上司		回答豫定	月
下命	月　日	部下		回答豫定	月

内容　本日ハ大分秩序回復ス

① 午前中千田町変電所ノ整備ヲナス
廿日市ヨリ中村、今中、佐伯君来援工場課ヨリモ
太田君外二名応援シ整備ノ結果午后四時五十分
復旧試送電ヲナシ異状ナク電車1輛ヲ
電車[illegible]前ヨリ専売局迄試運転ス。

② 架線係ハ午前中ハ庫庫前トロリー線落下セルヲ
引上ゲ整理工事ヲナス
午后ハ小網町地気発生箇所ヲ修理ス

③ 廿日市ヨリ「バイス」1尺0吋ヲ持参ス満長組ハ

④ 本日電柱運搬全部終了ス（計300本）
（但シ暁部隊ノ30名ハ応援セリ）

⑤ 電車課応援10名ハ白島線電線整理

⑥ 千田町変電所勤務ハ新藤、石田、佐伯3名トス。

處　①習（本日A.M 5'30"切明技手死去セラル）

② 本田貞君妻子訪問同君ノ荷物山県郡加計町
森岡[illegible]部宛小包ニ1ケ其他風呂敷包ニ1ケ手提包
1ケヲ持チ帰ラル（古市町駅ノ下、森川義男方呼寄ル中）

③ 軍手15双及地下足袋17足請求ス

終戦後でも軍隊はヒロシマから去らなかった

【原文】

8月25日

(1) 二宮次長 大竹潜水学校行キ

(2) 中地区部隊ハ電線(Feeder) ノ整理

(3) 大国部隊藤田隊50名櫓下変電所へ整理ス

(4) 東洋工業應援隊ハオヒル前到着ス

(5) 午后東洋工業へ梯子受取リニ林君トラックニテ行ク

(6) 本日小早川君妻子来訪アリタリ。(打合セヲナス)

(7) 午后原君奥サント姉上来訪家族パスヲ交付シタリ

(8) 本日俸給支払ヒ日ニテ出勤者ニ連絡シタリ

(9) 防空手当 松浦、中村ヲ請求受領シタリ

(10) 本日、大竹、呉方面へ器具受取リニ出張セラレタリ

(11) 先日ノ部隊自動車受取リニ来タリ切角ノメーターオン

本日ノ工事ハ八丁堀付近延長ト貯金局—鷹野橋間

ノ二ヶ所トス。

本日瓜ノ配給アリ総量13メ目、

二宮次長4メ、廣藤2メ、佐伯2メ、石田2メ、

池田1メ、藤井1メ、池本1メ。

夜暴風雨トナリ電車内ニ雨降リ込ミオマケニ蚊帳

ナカリノタメ蚊ニカマレ閉口シタリ

著者の一言

終戦した日からすぐに引き揚げず、戦後も大国部隊は活動していたことがわかります(終戦後も軍隊は統率され、復旧活動を行っています。これは今の自衛隊の災害派遣と通じていますね)。

(11)「切角ノメーターオン」の意味は不明。

貯金局は、現在の日赤病院前と広電本社前の間にありました。

この日、四国に台風が上陸しています。

番號		事項			
受命	8月25日	上司		回答豫定	月 日
下命	月 日	部下		回答豫定	月 日

内容
(1) 二営ノ次長 大竹ト給水路ヲ[illegible]
(2) 中地区部隊ハ配線(Feeder)ノ整理
(3) 大同部隊[illegible]隊50名 [illegible]下変電所ヘ整理ス
(4) 東洋工業[illegible]隊ハ[illegible]ニ前列着ス
(5) 平石 東洋工業ヘ梯子受取リニ 林君 トラックニテ行ク
(6) 本日小早川君 妻子来着[illegible] (…[illegible])
(7) 平石 原[illegible]ノ奥サン姉上 来所 家族パスヲ[illegible]
(8) 本日 俸給支払ヒ日ニテ 出勤者ニ連絡セリ
(9) 防空壕 松浦、中村ヲ[illegible]
(10) 本日、大竹、呉方面ヘ器具受取リニ出張セシメタリ
(11) 先日ノ部隊自動車受取リニ来タリ [illegible]
本日ノ工事ハ八丁堀附近[illegible]

処置 本日私ノ配給タリ 煙草13ヶ個。
二営次長4ヶ 後藤2ヶ 佐伯2ヶ 石田2ヶ、
池田1ヶ 藤井1ヶ 池本1ヶ。
夜 暴風雨トナリ 変電所内ニ雨降リ込ミ[illegible]
[illegible]

電鉄前—紙屋町までの復旧

【原文】

晴

9月12日

（1）朝方曇リ居リタルモ幸ヒニ六時半頃ヨリ天候快復シ絶好ノ仕事日和トナリタリ。本日ハ平沼組ト電気課員總動員《そうどういん》ニテ馬力ヲカケ、午休ミモ短カク切リ上ゲテ予定通リ午后四時ニハ開通ノ運ビトナリタリ。

（2）挺身隊員新宅マス子本日来社ス。30日解散ノ予定ナリ。

（3）本日鉄道局ヨリ浜田君来社 色々打合セタルモ余リニ虫ノ良イ條件《じょうけん》多ク少シ「ムット」スル。常務モ憤慨シ一寸困リタリ。非常時態ヲ認識セザル模様ニテ聊《いささ》カ呆レタリ。但シ実際ニ仕事スル藤井君等ハ案外、アツサリトシテ居ル様子ニテ少シ気分良クナリタリ。

（4）本日午后三時三十分ヨリ開通祝賀式擧行ス。
物故者昇格発表、職制変更発表、特別賞輿受輿、転勤発令等アリタリ。

式後、祝宴開催、電気課ハ変電所ニテ一同祝杯ヲ擧ゲタリ。係長以上ハ別室ニテ擧行相当「メートル」ヲアゲ、少々武勇伝モアリタリ

（5）二宮次長令息歸還《きかん》セラレ大イニ芽出度《めでたい》コトナリキ。

（6）平沼等ニ準世帯ノ煙草配給ス。

（7）本日路上ニテ横川電車区 岡田君ト面会互ヒニ無事ヲ祝ス。令嬢戰災死ノヨシ気ノ毒ナリ

（8）夜中ニ眼ガ覚メ仕事ヲ片付タリ

著者の一言

『電車のあゆみ』（広島電鉄電車課、1969年）によると、この日、電鉄前（現広電本社前）から紙屋町までがようやく復旧。

宇品から紙屋町まで電車がつながることは、復旧の勢いを増す意味でも重要でした。日誌からも復旧活動の力強さを感じ、一山超えた喜びも伝わってきます。

番號		事項	晴		
受命	9月12日	上司		回答豫定	月　日
下命	月　日	部下		回答豫定	月　日

内容

(1) 朝方曇リ居リタルモ幸ヒニ六時半頃ヨリ天候快復シ、絶好ノ仕事日和トナリタリ。本日ハ平田組ト電気部全員総動員ニテ馬力ヲカケ、午休モ無クカク切リ上ゲテ予定通リ午后四時ニハ開通ノ運ビトナリタリ

(2) 挺身隊員新宅マス子本日来社ス。30日解散予定ナリ

(3) 本日鉄道ヨリ浜田氏来社。色々打合セタルモ余リニ其ノ我々條件多タガ、ムットスル事務モ憤慨シ困リタリ。非常時態ノ認識セザル模様ニテ聊カ呆レタリ。但シ実際ニ仕事スル藤井氏等ハ案外アッサリトシテ居ル様子ニテ少シ気分良クナリタリ。

(4) 本日午后三時三十分ヨリ開通祝賀式挙行ス。物故者昇格発表、職制改正発表、特ヨリ賞与、役與、転勤発令等アリタリ。式後、祝宴開催、電気部ハ製造所ニテ一同祝杯ヲ挙ゲタリ。係長以上ハ別室ニテ挙行。相当メートルヲアゲ、少々武勇伝モアリタリ

処置

(5) ニヨリ次長令息帰還セラレ大ニ賀宴コトナリキ。

(6) 平田組等ニ謹ミ世帯ノ煙草配給ス。

(7) 本日路上ニテ横川電車区岡田君ト面会互ヒニ無事ヲ祝ス。今度戦災死ノヨシ気ノ毒ナリ

(8) 夜中ニ眼ガ覚メ仕事ヲ片付タリ

枕崎台風の被害

【原文】

晴 曇 ○キタリ

9月18日

（1）昨夜ノ風台風ハ随分キツカッタ屋根ガ
又相当ニ痛ンデ居タ。出勤途中橋ガ諸所
損傷シテ居ル。幸ヒ京橋川鉄橋ハ助カツテ居タ

（2）午前中藤井君ト鉄道局前ノ鉄柱折損ヲ
偵察シタ。

（3）市内浸水諸所ニアリ本日運転ハ杜絶ノ状態ナリ

（4）天満橋梁流失市内線不通トナル。

（5）鷹野橋一電鉄前浸水約30cm。

（6）宇品線30～45cm。浸水3ヶ所。南部変電
所ハ停電、鉄道局前鉄柱折損ス

（7）横川橋流失ス。車輌1輌流失ス。

（8）午后徒歩連絡ニテ宮島線ニ行ク。

（9）中配ニテ打合セノ上横川橋ヲ渡リ省線
線路ヲ辿リ己斐ニ行ク。己斐ヨリ草津ニ
行キ、草津ニテ中村君ト面ヒタリ。電話線修理
線路巡視ヲヤツテ疲レタ。

（10）本日ハ本社引返シ困難ノタメ廿日市へ泊ル
変電所ニテ泉君、玉田君ト一緒ニ泊ル
力山君ニ辨当ノ心配ヲシテ貰ツタ。

著者の一言

県全体で死者総数2,012名を数えた、広島県史上最大被害の枕崎台風が前日に襲来。被爆からわずか1か月後の出来事でした。それでも、人々は挫折しません。

鉄柱が倒壊した鉄道局は、現在の宇品5丁目電停付近にありました。

松浦さんは午前中に鉄道局前へ行き、午後は徒歩で横川を経由して己斐（西広島）へ。そのあとも線路巡視をしながら廿日市まで移動しました。

宮島線の復旧は翌19日の午後1時過ぎ。19日の午後5時半まで廿日市変電所に滞在し、高圧配電線の修理を行い、夜8時に本社に帰着しました。

ちなみに、（7）で流失した459号は3年後の夏に復旧しています。

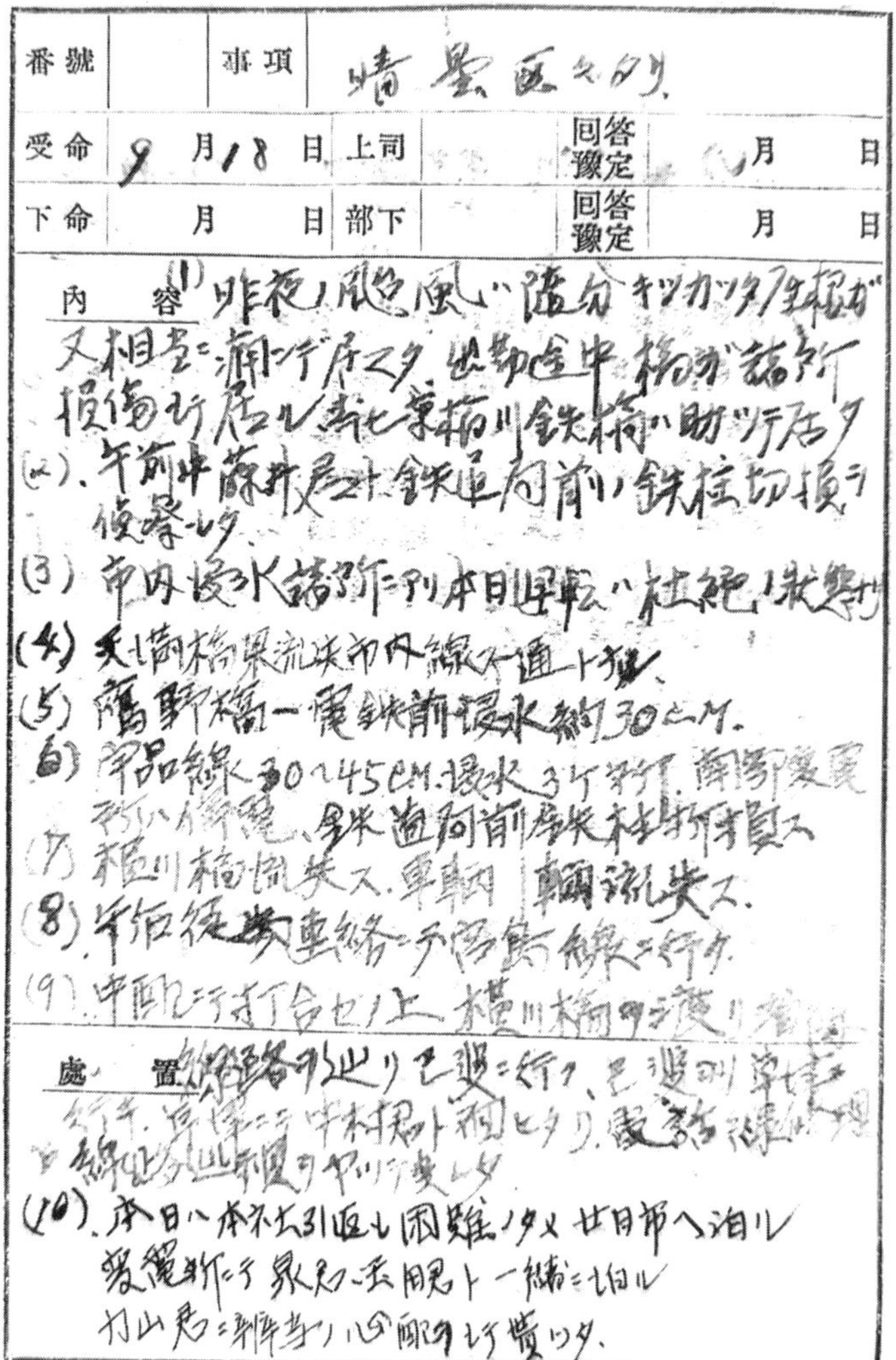

番號		事項	情報集メタリ		
受命	9月18日	上司		回答豫定	月　日
下命	月　日	部下		回答豫定	月　日

内容
(1) 昨夜ノ颱風ハ随分キツカッタ。全般ガ又相当ニ痛ンデ居タ。出勤途中橋ガ諸所損傷シテ居ル。[illegible]横川鉄橋ハ助ッテ居タ
(2)、午前中藤井及[illegible]鉄道局前ノ鉄柱切損ヲ復旧セシム。
(3) 市内浸水諸所ニアリ本日運転ハ杜絶ノ状態ナリ
(4) 天満橋橋梁流失市内線不通トナル、
(5) 鷹野橋―電鉄前浸水約30cM.
(6) 宇品線30〜45cM.浸水シテ居ル。[illegible]
[illegible]、[illegible]道局前[illegible]
(7) 横川橋流失ス. 車輌[illegible] 車輌流失ス.
(8) 午後[illegible]連絡ニテ宮島線ニ行ク.
(9). 中配ニテ打合セノ上 横川橋ヲ渡リ[illegible]

処置
[illegible]
(10). 本日ハ本社引返シ困難ノタメ廿日市ヘ泊ル
發電所ニテ泉君、[illegible]君ト一緒ニ泊ル
村山君ニ[illegible]ノ心配ヲシテ貰ッタ、

己斐―広島駅の復旧開通

【原文】

10月11日　晴

中配受電ハAM6'50" ヨリ開始セシメタリ

(1) 昨夜モ風雨アリタルモ今朝ニ至リ漸ク天候
快復シタリ

(2) 鉄道局モ馬力ヲ出シテ駅前ニ突進シ漸ク
午后開通ノ見込立チタリ。皆景気ガ良クナツタ。
午后現場ニ行ク。午后四時ヲ期シ待望ノ
駅前開通ス 思ヘバ苦心ノ最近1ヶ月ノ奮闘
ダツタ。夜ハ全ク重荷ヲ下シタ気分ダツタ。

(3) 午前中ハ満長組ノ精算書ヲ作ツタ。
久シ振リニ快晴ニナツテ、ポカポカト背中ヲ気持チ
良ク暖メテ貰ツタ。

(4) 平沼組ハ池本君ノ協力ニテ、午前中精養軒前ノ
倒壊木柱ノ建替ヲナス。

(5) 構内ノ滞留水ハ夕方ニナツテモ却々引カナカツタ

駅前ノ開通ガ済ンダノデ愈々《いよいよ》
宿直ヲ廃止スルコトトシタ。之カラハ
安心シテ家デ休メルコトニナツタ。
夜ハ少シ讀書シタ

著者の一言

前日には雨量の多い阿久根台風が来襲。風雨を乗り越えて、ついに復旧の初期目標でもあった広島駅までが開通しました。日誌からは松浦さんの安堵が伝わってきます。
(4)の「精養軒」は、当時袋町にあった広島市内一の高層ビル「広島富国館ビル」にありました。

回答	月 日	再調査	研究	完結	上司印	晴
回答	10月11日					

回答記事 中配発電ハAM6′50″ヨリ開始セシメタリ

(1)、昨夜モ腹痛アリタルモ今朝ニ至リ漸ク天候快復セタリ

(2) 鉄道局モ馬力ヲ出シテ駅前ニ突進シ漸ク午后開通ノ見込立チタリ。皆景気ガ良クナッタ。午后現場ニ行ク、午后四時ヲ期シ待望ノ駅前開通ス 見ベシ若人ラノ最近1ヶ月ノ奮闘ダッタ。夜ハ全ク重荷ヲ下シタ気分ダッタ。

(3)、午前中ハ附長組ノ精算書ヲ作ッタ。久シ振リニ快晴ニナッテ、ポカ〱ト背中ヲ気持チ良ク暖メテ貰ッタ。

(4)、平畑組ハ池本氏ノ協力ニテ午前中精養軒前ノ倒壊木柱ノ建替ヲナス。

(5)、構内ノ滞留水ハ夕方ニナッテモ却々引カナカッタ

顛末 駅前ノ開通ガ済ンダノデ愈々宿直ヲ廃止スルコト、セタ。之カラハ安心シテ家デ休メルコトニナッタ。夜ハ少シ読書セタ

生き抜き、駆け抜けた昭和20年の大晦日

【原文】

31日　晴。今日ハ最後ノ出勤日ダツタ。
仕事モ手ニツカナカツタ。正月中ノ宿直等ヲ決定
シ、一寸天満ノ闇市ヲ覗イテ歸《かえ》ル。午后ハ
1時前ニ切リ上ゲテ退社シタ。今日山本
君カラかきヲ貰ツタ。歸リニ駅前ノ闇市場ヲ
覗イテ歸ツタ。高イモノ計リデ馬鹿ラシクテ、
手ガ出セナイ。歸ツテカラ正和君ト山ノ谷ニ
行キ門松等ヲ切ツテ歸ル。
御正月仕度ガ何カト忙シカツタ。
夜ハ日記ノ整理ヲスマシ、除夜ノ鐘ヲ
聞イテ休ンダ。

著者の一言

転職してきた新米の広島電鉄の電気課長として、被爆と敗戦を乗り越えて、電車を守り、電車を生き返らせるために駆け抜けた昭和20年が除夜の鐘とともに終わりを告げます。
そのとき、何を思っていたのか。
80年後の私たちも、考えなければなりません。

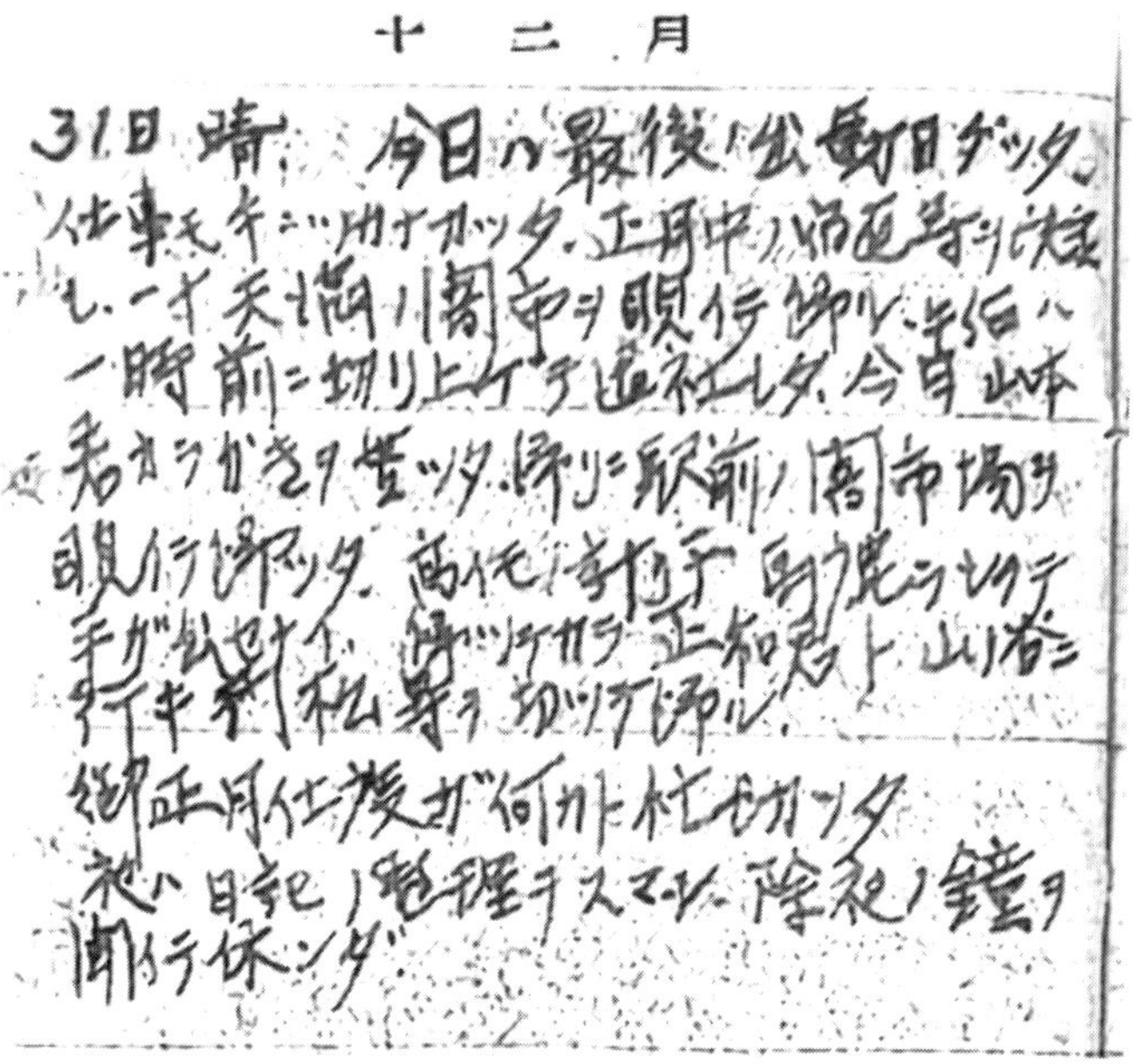

十二月

31日 晴。今日ハ最後ノ出勤日ダッタ。仕事モ余リ出来ナカッタ。正月中ノ酒肴等ヲ求メ、一寸天満ノ闇市ヲ覗イテ帰ル。会社ハ一時前ニ切リ上ゲテ退社シタ。今日山本君カラかきヲ貰ッタ。帰リニ駅前ノ闇市場ヲ覗イテ帰ッタ。高イモノ許リデ馬鹿ラシクテ手ガ出セナイ。帰ッテカラ正和君ト山ノ谷ニ行キ新松等ヲ切ッテ帰ル。

御正月仕度ガ何カト忙シカッタ

夜ハ日記ノ整理ヲスマシ、除夜ノ鐘ヲ聞イテ休ンダ

【著者略歴】

中田 裕一（なかた ゆういち）

廿日市市在住。2022 年に退職するまで 35 年間、宮島線の乗務員として勤務。在職中に、旧広電廿日市駅舎の解体を通して宮島線の歴史に興味を持つ。現在は宮島線歴史たずね人として活動しながら、宮島線や公共交通について発信中。著書に『広電宮島線もっと魅力発見！』（南々社）。

【お世話になった方々】（敬称略・順不同）

松浦由浩　長船友則　菅井直也　窪田正實　来得研治　奥本千絵　浜野高宏　田村倫子

石田雅春　和田朋幸　きむらけん　菊楽忍　堀川惠子　呉洋太　権俊五　呂世珍

高知の電車とまちを愛する会　株式会社サンテック　広島大学 75 年史編纂室

在日本大韓民国民団広島県本部　在日朝鮮人総聯合会広島県本部

防衛省防衛研究所戦史研究センター　広島市中央図書館広島資料室

広島平和記念資料館情報資料室　広島電鉄株式会社

田岡匡子　やまもとのりこ　西元俊典　前田優衣　中田博子　福

本書執筆にあたり、貴重な資料を残してくださった松浦明孝様、何よりの原動力となる言葉をくださった小松盛永様、日誌や社内報に登場する路面電車の復旧に尽力された広電関係者および周辺鉄道会社の皆様、技術者の方々、さらには支援のために駆けつけてくださったすべての皆様に感謝を申し上げます。

■装　　幀　スタジオギブ

■装　　画　星野 勝之

■本文DTP　大原 剛　角屋 克博

■図　　版　岡本 善弘（アルフォンス）

■編　　集　前田 優衣

だから路面電車は生き返った

2025 年 4 月 18 日　初版第一刷発行

著　　者　中田 裕一

発 行 者　西元 俊典

発 行 所　有限会社 南々社

広島市東区山根町 27- 2

〒 732-0048

電　話　082-261-8243

F A X　082-261-8647

印刷製本所　株式会社 シナノ パブリッシング プレス

ISBN978-4-86489-179-0